Hermann Robolsky

Der deutsche Zollverein

Seine Entstehung, Entwicklung und Zukunft

Hermann Robolsky

Der deutsche Zollverein
Seine Entstehung, Entwicklung und Zukunft

ISBN/EAN: 9783744667388

Hergestellt in Europa, USA, Kanada, Australien, Japan

Cover: Foto ©ninafisch / pixelio.de

Weitere Bücher finden Sie auf **www.hansebooks.com**

Der

deutsche Zollverein.

Seine

Entstehung, Entwicklung
und Zukunft.

Ein Lesebüchlein für das deutsche Volk
zur Orientirung in den jetzigen Wirren.

Von

Dr. H. Robolsky.

————

Berlin.
Verlag von Ulrich Frank.
—
1862.

Vorrede.

Der Zollverein, früher in dem Rufe eines in handels=
politischen Fragen vorgeschrittenen Institutes, hatte in der
letzten Zeit das veraltete Schutzollsystem immer mehr aus=
gebildet und schien dabei stagnirend beharren zu wollen,
um weit überholt zu werden, nicht etwa nur von dem seit
Huskisson und Robert Peel auf dem Wege der Handels=
freiheit rüstig vorwärtsschreitenden, und heutzutage durch
ein liberales Zollgesetz vor allen Ländern sich auszeichnen=
den England, oder von der kleinen Schweiz mit ihrem
musterhaften Finanzzollsystem, sondern auch von Frankreich,
auf welches, als auf den Heerd und Hort des Merkantilismus
und der Prohibitivpolitik, die Leiter des deutschen Zollvereins
bis dahin verächtlich herabgesehen hatten. Durch den Vertrag
mit Frankreich lenkt der Verein wieder in eine andere Bahn
ein. Die unter der Form dieses Vertrages vorbereitete
Reform des Zolltarifs ist das bedeutendste handelspolitische
Ereigniß im Zollverein seit seiner Gründung, in den Fol=
gen viel bedeutender, als der Anschluß Hannovers und der
Vertrag mit Oesterreich im Jahre 1853. Die jetzt Frank=
reich zugestandenen Zollbegünstigungen haben die Bedeutung

*

IV

einer allgemeinen Tarifreform, und, so große Konzessionen auch noch dem Schutzzollsysteme gemacht sind, so ist doch der Anfang zu einem Bruche mit demselben, und zu einer Rückkehr zu der preußischen Zollgesetzgebung des Jahres 1818 gemacht. In den Tarifermäßigungen liegt der Uebergang zum Freihandel. Um die durch den Abschluß des Vertrages verschärfte Konkurrenz des Auslandes mit unserer Industrie auszuhalten, bedarf es jetzt der Hinwegräumung aller den freien Verkehr innerhalb des Zollvereins hemmenden Schranken, als Gewerbe= und Niederlassungsbeschränkungen, Fluß= und Binnenzölle, Staatsmonopole u. s. w., es bedarf kurz einer Gleichstellung der Bürger des Zollvereins mit den sich in jeder Beziehung frei bewegenden Bürgern der großen westlichen Industriestaaten. Unter den noch bestehenden sogenannten Uebergangsabgaben giebt es sehr drückende, und diese gerade werden jetzt unerträglich mit der durch den Handelsvertrag erleichterten Konkurrenz des Auslandes. Die unverzügliche Abschaffung der letzten Binnenzölle ist daher in die Tarifreform mitaufzunehmen. Das Bedürfniß der Gleichstellung und Gemeinschaftlichkeit der sogenannten innern Steuern, damit die mit der Kontrolirung und Erhebung der Uebergangsabgaben verbundenen Verkehrsbelästigungen wegfallen, macht sich jetzt fühlbarer als je.

Insofern als der neue Zollvereinstarif um einige Positionen schwächer erscheint, ist auch ein Anfang zu einer größeren Vereinfachung des Tarifs gemacht. In dieser Beziehung ist noch viel zu thun, theils durch Ausscheidung

der in finanzieller und volkswirthschaftlicher Beziehung unwichtigen Eingangszölle, theils durch Verminderung und
zweckmäßigere Regelung der Abstufungen bei verschiedenen
Positionen. Als weitere Erleichterung des Verkehrs ist zu
bringen auf eine Beseitigung, resp. Vereinfachung mancher
mit den heutigen Verkehrsverhältnissen nicht mehr verträglichen Formen bei den Zolldeklarationen und Abfertigungen 2c.

Ueber der Tarifreform aber wird die Verfassungsreform
nicht leiden. Sie wird durchaus nicht entbehrlich, wenn
jene gelingt; sie ist das wahre Heilmittel, die unfehlbare
Besiegung der Gegner, wenn jene mißglückt. Die Zoll-
vereinsverfassung ist ein bloßer völkerrechtlicher Vertrag, ein
Staatenbund, der einer organischen Fortentwicklung unserer
Zollgesetzgebung hinderlich ist. Unter den Mängeln, welche
aus einem solchen Verhältniß entspringen und die dringend
Abhülfe erheischen, sind zu nennen: die Kündbarkeit der
Verträge, das den Vereinsgenossen ohne Unterschied der
realen Machtverhältnisse zustehende Veto, die Unmöglichkeit
einer ersprießlichen Mitwirkung der Volksvertretungen in
der Zollgesetzgebung, die rein diplomatische Natur der Konferenzen. Soll der Zollverein ein einheitliches Ganze bilden, eine juristische Persönlichkeit repräsentiren, und so nach
außen hin Macht entfalten, so muß er einen bundesstaatlichen Charakter und einheitliche leitende Organe für die
Gesetzgebung und Verwaltung erhalten. Dann sind seiner
Kompetenz auch andere wirthschaftliche Interessen des deutschen Volkes, z. B. das Münz-, Maß- und Gewichtswesen,

die merkantile Vertretung nach außen, das Post- und Eisen=
bahnwesen, zu unterstellen.

Wenn nun der Vertrag mit Frankreich als eine An=
näherung an eine gesunde Handels= und Finanzzollpolitik
angesehen werden kann, wenn er ferner durch die Konse=
quenzen einer solchen Anbahnung zu Erwartungen von weit=
gehenden Reformen berechtigt und der volkswirthschaftlichen
Agitation ihre Ziele näher rückt, so ist wohl gerade jetzt
der Zeitpunkt angemessen, um auf die Geschichte des Zoll=
vereins zurückzublicken, um uns zu vergegenwärtigen, was
für eine Entwicklung des Vereins wir durchgelebt haben,
welche Richtung ihr der Vertrag mit Frankreich giebt, und
was die Zukunft nun bringen wird.

Freilich für den volkswirthschaftlich Gebildeten, für
den, der täglich den Verlauf der Zollvereinsangelegenheiten
verfolgt, bedarf es dieses Rückblickes und dieser Kombination
von Vergangenheit und Zukunft nicht. Am wenigsten wird
ihm diese kleine Schrift, die den Zweck hat, einen kurzen
Abriß der Geschichte des Zollvereins zu geben, und dadurch
die Bedeutung des Vertrages mit Frankreich erkennen zu
lassen, neue Thatsachen und neue Anschauungen bringen.
Aber wer von diesen Eingeweihten nur irgend einmal über
seine nächsten Umgebungen hinausblickt, wird zugeben, daß
wir nicht blos bei Ungebildeten, nicht blos bei denen, die
stumpf an den Ereignissen des Tages vorübergehen, sondern
auch bei Gebildeteren eine Unkenntniß der volkswirthschaft=
lichen Dinge überhaupt, der Entwicklung der volkswirth=
schaftlichen, Gewerbe= und Verkehrsverhältnisse des Zoll=

vereins insbesondere, dieser großartigen Schöpfung der
Deutschen, von der Engländer und Franzosen nie ohne
Respekt sprechen, antreffen, und daher eine Gleichgültigkeit
gegen Dinge, die im Vereine vorgehen, oder eine Beurthei=
lung derselben außer allem Zusammenhange, die nur zu
sehr zu beklagen ist. Für solche Uneingeweihte gebe ich die
hier folgende kleine Uebersicht über den Gang der Geschichte
des Zollvereins. Die Gelehrten finden das hier kurz Ge=
gebene genauer und ausführlicher in den Protokollen der
Zollkonferenzen, in den Zusammenstellungen der Verträge,
in dem Handbuch von Ditmar über die Zollgesetzgebung,
in Houth=Weber: der Zollverein seit seiner Erweiterung
durch den Steuerverein, in G. Höften: der deutsche Zoll=
verein in seiner Fortbildung, in Biebahn's Statistik des
zollvereinten und nördlichen Deutschlands, in L. K. (Kühne):
der deutsche Zollverein, in vielen gediegenen Aufsätzen des
Bremer Handelsblattes rc., lauter Schriften, aus denen ich
mich bemüht habe, für einen weiteren Kreis das Material
zusammenzustellen und zu bearbeiten.

Ich habe gesagt, daß ein Rückblick auf die Geschichte
des Zollvereins gerade jetzt, wo der Vertrag mit Frankreich
einen Wendepunkt in derselben bezeichnet, geboten ist. Be=
sonders aber erweist ein solcher Rückblick sich deswegen als
eine Nothwendigkeit, weil durch den Vertrag die Gemüther
der Betheiligten in einer Weise erhitzt sind, daß Deutsch=
land in zwei feindliche Lager getheilt, das fernere Bestehen
des Zollvereins in Frage gestellt ist, und es sich darum
handelt, ob die Zollverträge, die am 31. Dezember 1865

ablaufen, gekündigt werden oder nicht. Unter solchen Um=
ständen thut es wohl Noth, die Nation durch eine Geschichte
des Zollvereins über das aufzuklären, was jetzt den Gegen=
stand der Verhandlungen von Regierungskonferenzen, Ab=
geordnetenkammern, Kongressen von Industriellen 2c. bildet.
Zu München tagen Kommissarien verschiedener süddeutscher
Regierungen zum Zweck eines Austausches ihrer Meinungen
hinsichtlich des Handelsvertrages mit Frankreich, und das
Resultat, das man erwartet, flößt der Freihandelspartei
und den Freunden des Zollvereins große Besorgnisse ein.
Oesterreich hat gegen den Vertrag protestirt, weil dadurch
seine, durch den 1853 mit dem Zollverein geschlossenen Ver=
trag in Aussicht gestellte Zolleinigung mit dem Verein un=
möglich gemacht werde. Jetzt verlangt es seine Aufnahme
in den Verein. Die in Nürnberg, Elberfeld, Chemnitz,
Frankfurt a. M., Stuttgart, Düsseldorf 2c. abgehaltenen
Kongresse von Gewerbetreibenden haben den Vertrag mehr
oder weniger entschieden verworfen. Die nord= und süd=
deutsche Presse befehden sich über denselben Gegenstand.
Die Volksvertretungen, die den Vertrag genehmigen, be=
nutzen die Gelegenheit, um Erklärungen abzugeben, wie die,
daß man*) „die Herstellung und Fortbildung eines im
Interesse fortschreitender Entwicklung des Wohlstandes und
der Bildung in Deutschland nöthigen Systems größerer
Arbeitserleichterung und Verkehrsfreiheit unter den gewerb=
thätigen Nationen nur dann für gesichert halte, wenn recht=

---

*) Antrag des gemeinschaftlichen Landtags von Koburg.

zeitig vor dem Kündigungstermin für die Zollvereinsver=
träge eine Grundlage der Erneuerung derselben vereinbart
wird, durch welche die jetzt als Hemmniß jeder freien und
gleichmäßigen Entwicklung bestehende Befugniß jedes ein=
zelnen Zollvereinsstaates zur Verhinderung befreiender Ab=
änderungen des Tarifs und der organischen Einrichtungen
des Vereins beseitigt, an deren Stelle vielmehr eine Ent=
scheidung durch Mehrheitsbeschluß gesetzt und den Bevölke=
rungen der Zollvereinsstaaten ihr überall verfassungsmäßiger
Antheil an der entscheidenden Mitwirkung bei der indirekten
Besteuerung durch die organische Einrichtung einer in Zoll=
sachen wirksamen allgemeinen Volksvertretung in unver=
kümmerter und naturgemäßer Weise zurückgegeben wird,
und daß bei dem nicht mehr zurückzudrängenden Bedürfniß
der Zeit nach einer schleunigen politischen Umgestaltung der
Institutionen in Deutschland wenigstens nach dieser Rich=
tung die deutschen Volksvertretungen darauf bringen müssen,
daß bei Erneuerung des Zollvereins demselben eine Ein=
richtung gegeben werde, welche durch Herstellung eines ge=
meinschaftlichen Regierungsorgans, sowie eines gemeinschaft=
lichen Organs der Volksvertretung einerseits eine kräftige
Exekutive schafft, andererseits die Rechte der Volksvertre=
tung zur Steuerbewilligung und zur Mitwirkung bei der
Steuergesetzgebung wahrt." Der sächsische Landtag hat
einstimmig den Vertrag angenommen, aber das Verlangen
einzelner Industriezweige nach hinreichendem Schutze der
Regierung zu möglichster Erwägung empfohlen, zc.

Bei einem folchen Auseinandergehen der Meinungen ift es wohl, wie gefagt, an der Zeit, einen Blick auf den Zollverein rückwärts zu thun, damit ein jeder, auch der nicht gerade direkt Betheiligte, für die Sache Intereffe gewinnt, ihre Wichtigkeit erkennt, und für fein Urtheil eine Grundlage erhält. Vielleicht erfährt auch mancher Induftrielle, Handelstreibende und Volkswirth etwas Neues aus dem Buche.*)

Stettin, im Juli 1862.

*) Seitdem die Vorrede gefchrieben, find fich die Ereigniffe fchnell gefolgt und haben manche vom Verf. im Sinne Vieler ausgefprochenen Hoffnungen fcheitern laffen. Der Widerftand der füddeutfchen Regierungen gegen den Vertrag mit Frankreich ift größer, als felbft bei deren bekannter Tendenz fich erwarten ließ. Möchte diefes Buch um fo mehr dazu beitragen, das Intereffe für die große Streitfrage in immer weitere Kreife zu verpflanzen und zu einem Urtheil über das pro und contra zu verhelfen.

Der Verfaffer.

Inhalt.

Gründung des deutschen Zollvereins.

In der deutschen Bundesakte war Art. 19 festgesetzt:

„Die Bundesglieder behalten sich vor, bei der ersten Zusammenkunft der Bundesversammlung in Frankfurt wegen des Handels und Verkehrs zwischen den verschiedenen Bundesstaaten, so wie wegen der Schifffahrt, nach Anleitung der auf dem Kongreß zu Wien angenommenen Grundsätze in Berathung zu treten."

Aber noch Anfangs der zwanziger Jahre herrschte in der Handels- und Zollverfassung eine solche Uneinigkeit, daß jeder der achtunddreißig deutschen Staaten sein besonderes Mauthsystem und seine besonderen Zollschranken hatte. Die Versuche, welche während der Jahre 1816—1820 gemacht wurden, um dem Art. 19 gemäß die deutschen Zoll- und Handelsverhältnisse durch die Bundesgewalt zu ordnen, führten zu keinem Resultat. Dieser Zustand der Dinge lähmte nicht bloß den Verkehr ganz außerordentlich — denn es war unnatürlich, daß ein und dasselbe Volk durch so vielfache Zollschranken künstlich aus einander gerissen wurde — sondern wirkte auch höchst demoralisirend auf die untern Klassen der Bevölkerung. Der Schmuggel hatte sich wie eine Krankheit eingefressen; in manchen Gegenden lebte die ganze Bevölkerung davon; die Schmuggler widersetzten sich oft sogar den Zollbeamten mit Gewalt und machten die Requisition von Militär nöthig. Arbeitsscheu, Trunkenheit, Verbrechen waren die moralischen Folgen dieses Zustandes, während in materieller Hinsicht Handel und Gewerbe, namentlich in den Binnenländern, ein kummervolles Dasein fristeten.

1

Was die Bundesgewalt nicht erreichte, sollte durch Separat=
unterhandlungen zu Stande kommen. Die Thatsache, daß in Preu=
ßen, welches sich als größeres Land eines ausgedehnteren Zoll=
komplexes erfreute, Handel und Gewerbe in einem bessern Zustande
sich befanden, als in den kleineren deutschen Ländern, ließ diese
die Vortheile einer Handelseinigung allmälig erkennen.

Aber besonders war es die preußische Zoll= und Steuerge=
setzgebung vom Jahre 1818, welche eine Grundlage für Zollbünd=
nisse schuf. Vor 1818 war Preußen wie Oesterreich im Innern
von Zolllinien und mancherlei Verkehrsschranken durchschnitten,
sein östlicher Theil hatte ein anderes Steuer= und Zollwesen als
sein westlicher, eine Menge Zollstätten bestanden im Binnenlande,
nicht bloß der Staat, auch Städte und selbst Einzelne hatten altes
Recht auf besondere Steuererhebung. Unter solchen Umständen
konnte Preußen keinen Verein mit andern Bundesstaaten bewirken,
ehe es nicht in seinem eignen Gebiete ein gleichmäßiges Zoll= und
Handelssystem durchgeführt hatte. Dies geschah durch den allge=
meinen Tarif von 1818, der im Wesentlichen der Tarif des Zoll=
vereins blieb; mit seiner Einführung war die Bahn gelichtet, das
Gesetz selbst lud die übrigen Bundesstaaten ein, sich dem neuen
Systeme unter den etwa für nöthig befundenen Veränderungen
anzuschließen.

Sogleich mit der Durchführung der Gesetzgebung von 1818
begannen ernstliche Unterhandlungen über einen Zollanschluß zwi=
schen Preußen und den ihm enklavirten Bundesstaaten oder Ge=
bietstheilen anderer. Preußen begann damit, kleinere Staaten
mit ihrem ganzen Gebiete, oder einzelne Gebietstheile andrer Län=
der ganz und gar in sein Zoll= und Handelssystem aufzunehmen,
so Anhalt, Waldeck, Homburg; erst später (seit 1828) erfolgten
Anschlüsse von Staaten, die im Verein ihre Selbstständigkeit be=
wahrten.

Der Vertrag mit Anhalt=Köthen kam erst nach langen pein=
lichen Erörterungen zu Stande; die meisten Enklaven (souveräne
Staaten oder Gebietstheile solcher) ließen sich erst seit 1822 zum
eigentlichen Anschlusse bereitwillig finden. Doch schreibt sich der
Vertrag mit Schwarzburg=Sondershausen, der das Muster aller
übrigen zwischen Preußen und den Enklaven bildete, schon vom

25. Oktober 1819. Inbeß war von den Bestimmungen dieser Verträge noch ein großer Schritt bis zu der ganz unabhängigen, völlige Gleichstellung erheischenden Haltung, in welcher dann zunächst Darmstadt mit Preußen unterhandelte und abschloß. Der erste Schritt zu Verhandlungen mit einem nicht enklavirten Bundesstaate geschah 1826 und zwar von Darmstädtischer Seite, nachdem das Großherzogthum sich um ein süddeutsches Bündniß vergebens bemüht und auch noch ganz zuletzt mit Würtemberg keinen festen Vereinigungspunkt hatte finden können. Mit dem Vertrage zwischen Preußen und dem Großherzogthum Hessen beginnt das allmälige Zusammenschießen der vielen Bestandtheile, aus denen sich der kräftige Kryhstall des deutschen Zollvereins bilden sollte.

In Süddeutschland ergriff Würtemberg die Initiative, und brachte hier den ersten Mauthverband zu Stande: den Zollvertrag vom 24. Juli 1824 zwischen der Krone Würtemberg und den Fürstenthümern Hohenzollern. Der vorbereitende Handelsvertrag mit Baiern — ein solcher ging fast immer der Zolleinigung der deutschen Staaten voraus — datirt vom 12. April 1827.

Das Jahr 1828 ward überaus wichtig für die Geschichte der deutschen Handelspolitik; der definitive Vertrag der Zolleinigung zwischen Bayern und Würtemberg ist vom 18. Januar, am 14. Februar schloß Hessen-Darmstadt mit Preußen ab, am 24. September ward der mitteldeutsche Handelsverein gegründet, der jedoch nicht wirkliche Zollfreiheit zwischen den kontrahirenden Staaten festsetzte. Aus diesem letztgenannten Verein ging 1830 der sogenannte Eimbeckische hervor, ein Zollverein, der Hannover, Oldenburg, Braunschweig, Kurhessen umschloß. Sachsen-Weimar aber fiel vom mitteldeutschen Verein ab und schloß am 11. Februar 1831 einen Vertrag mit Preußen, durch welchen es sich verpflichtete, mit dem 1. Juni 1835 dem preußischen Systeme beizutreten. In demselben Jahre gelang es der preußischen Regierung, durch den Vertrag vom 25. August 1831 Kurhessen vom Eimbeckischen Verein abzusprengen und für den preußischen zu gewinnen. Einzelne Theile anderer Staaten, welche von Preußen ganz oder theilweise umschlossen waren, überließen sich allmälig dem preußischen System. Endlich am 22. März 1833 wurde nach längeren Verhandlungen zu Berlin ein Zollvereinigungsvertrag zwischen Bayern und Württemberg einerseits und Preußen und den beiden Hessen andererseits zu Stande gebracht, dem schon acht Tage darauf das Königreich Sachsen beitrat. Am 11. Mai desselben Jahres trat der früher gebildete thüringische Verein von neun, jetzt acht Staaten (Weimar, Koburg-Gotha, Meiningen, Altenburg, die beiden Schwarzburg, die drei Reuß) dem Zollverein bei.*) In der Nacht des 31. Dezember 1833 fielen die Zollschranken zwischen dem vereinten Deutschland. Im Jahre 1835 erst schlossen sich Hessen-Homburg und das Großherzogthum Baden an, am 1. April 1836 wurde der Eintritt Nassaus vollzogen. Auch Frankfurt ward nun genöthigt, sein Widerstreben aufzugeben und durch Vertrag vom 2. Januar 1836 sich an den Zollverein anzuschließen.

So war der Zollverein mühevoll zusammengewachsen, meist durch die Anstrengungen der Regierungen, theilweise unter starker Opposition der Bevölkerungen und selbst der Ständekammern. Als die sächsische Regierung sich dem Anschluß an den Verein zuneigte, stießen die Fabrikanten des Landes ein lautes Geschrei aus. Sie behaupteten, daß Sachsen mit seinen beschränkten Hülfsquellen nicht mit den Kapitalien Preußens würde konkurriren können. Der sächsische Minister Zeschau, der ungeachtet des Geschreies, das über den Annexionsplan erhoben wurde, dabei verharrte, daß derselbe im Interesse Sachsens aufrecht zu erhalten sei, wäre bei-

---

*) Am 10. Mai 1833 erfolgte die Gründung des thüringischen Zoll- und Handelsvereins. Durch den Vertrag vom 26. November 1852 wurde die Fortdauer desselben vom 1. Januar 1854 ab auf weitere 12 Jahre, also bis zum 31. Dezember 1865 stipulirt, durch den am 3. April 1853 geschlossenen Vertrag auch das Verhältniß des in dem Vereinsgebiete enklavirten kurfürstlich hessischen Kreises Schmalkalden erneuert. Der Verein umfaßt: Preußen bezüglich des Stadt- und Landkreises Erfurt nebst den Kreisen Schleusingen und Ziegenrück, Kurhessen bezüglich des Kreises Schmalkalden, das Großherzogthum Sachsen-Weimar mit Ausnahme der Aemter Allstedt, Oldisleben und Ostheim, die herzogl. Sachsen-Meiningenschen Lande, die herzogl. Sachsen-Altenburgschen Lande, die herzogl. Sachsen-Koburg- und Gothaischen Lande, mit Ausnahme der Aemter Volkenrode und Königsberg, und das Fürstenthum Lichtenberg, die fürstl. Schwarzburg-Sondershausenschen und fürstl. Schwarzburg-Rudolstädtischen Oberherrschaften und die fürstl. Reuß-Schleiz, Reuß-Greiz und Reuß-Lobenstein- und Ebersdorfischen Lande.

nahe gesteinigt worden. Andrerseits stemmten sich die preußischen Fabrikanten gegen diesen Plan, und die meisten Regierungen der Monarchie unterstützten ihre Reklamationen. Theils, sagte man, wäre der Arbeitslohn in Sachsen unvergleichlich niedriger, als in Preußen; theils würde, da der Markt, den man Sachsen öffne, bei weitem wichtiger wäre, als der seinige, aller Vortheil auf Seiten dieses Landes sein. Die preußische und die sächsische Regierung kehrten sich nicht an diese Beschwerden, und kaum waren zwei Jahre verflossen, so verwirklichten sich schon die von ihnen vorhergesehenen Vortheile des Anschlusses. Natürlich hatten sich Anfangs manche Leiden offenbart, einige Industrien waren in eine andere Stellung gedrängt worden. Ein Fortschritt wird nie erreicht, ein Mißbrauch nie abgestellt, ohne daß einige Privatinteressen verletzt werden; aber weder die sächsische, noch die preußische Industrie waren einer ernsten Gefahr ausgesetzt. Während Sachsen, durch die Lockspeise des ungeheuren Marktes, den es gewonnen hatte, stimulirt, die Zahl seiner Baumwollspinnereien vermehrte und fast verdoppelte, die Maschinen darin einführte, wie alle Vervollkommnungen des englischen Fabrikwesens, versetzte Preußen, einen Augenblick durch die neue Ordnung der Dinge erschüttert, seine meisten Werkstätten in kleinere Städte, wo der Lohn weniger hoch war, und brachte es durch seine Energie dahin, daß nach·Verlauf von zwei Jahren die industrielle Krisis daselbst nur noch eine Erinnerung war; überall hatte die Arbeit einen neuen Impuls und eine neue Kraft bekommen. In Berlin namentlich prosperirten die Kattun-, Mousselin- und andere Manufakturen mehr als je vorher. Die Vergleichung der Zählungen der Gewerbtreibenden in Preußen, 1834 und 1837, bewies sogar, daß die Zahl derselben in einem viel stärkeren Verhältnisse zugenommen hatte, als die Gesammtbevölkerung des Königreichs; daß, was insbesondere die Baumwolleninduſtrie betrifft, die Zahl der Färber und Drucker sich um 45 pCt. vermehrt hatte, während die Gesammtbevölkerung nur um 4 pCt. zugenommen hatte. In diesem Zeitraume von drei Jahren nur war die Zahl der Gewerbe in Preußen von 37, 759 auf 39, 324 gestiegen.

Abgesehen von diesen Resultaten, ergab es sich, daß seit 1834 die Konsumtion von Zucker und Kaffee, dieser gewöhnliche

Thermometer des Wohlstandes der Bevölkerungen, in Deutschland sehr zugenommen hatte; daß andererseits mehrere Industrien, namentlich die Baumwollen= und Seidenindustrie, eine große Ausdehnung gewonnen hatten; daß der Unternehmungs= und Associationsgeist sich daselbst von Tage zu Tage entwickelte, und daß, was vor der Bildung des Zollvereins nicht geschehen war, Erzeugnisse der Vereinsländer bis Chili und China gingen.

Durch die Zollvereinsverträge verpflichteten sich die Regierungen, ein gemeinsames Zollgebiet zu bilden, innerhalb dessen Freiheit des Handels und Verkehrs Statt findet, und die Zollerträge nach festgesetzten Grundsätzen unter die einzelnen Glieder zu vertheilen. Es fallen demnach alle Eingangs= und Ausgangszölle an den gemeinschaftlichen Landesgrenzen der zum Verein gehörenden Staaten weg und werden nur an den gegen das Ausland gelegenen Grenzen erhoben. Die bei der Vertheilung der Erträge participirenden Bevölkerung jedes Gebietes begreift die Enklaven anderer Länder in sich und schließt die Exklaven aus. Die Vertheilung der gemeinschaftlichen Zollvereinseinkünfte findet nach Verhältniß der Einwohnerzahl statt.

Die dem Verein angehörigen Staaten werden unterschieden als unmittelbare und mittelbare Vereinsglieder. Die mittelbaren sind diejenigen, welche entweder mit ihrem ganzen Gebiete, oder mit einem Theile desselben dem Zoll= und Handelssystem eines oder des andern der kontrahirenden Staaten beigetreten sind, nur vermittelst desselben sich dem Gesammtverein angeschlossen haben und durch ihn in allen den Verein betreffenden Angelegenheiten sich vertreten lassen. So war z. B. Anhalt schon vor der Gründung des Vereins dem Zoll= und Steuerwesen Preußens einverleibt.

Jährlich sollen Konferenzen von Bevollmächtigten der Vereinsglieder zusammentreten, um über Abänderungen des Zollgesetzes, der Zollordnung, des Zolltarifs und der Verwaltungsorganisation zu verhandeln. Veränderungen in der Zollgesetzgebung 2c. können nur auf demselben Wege und mit gleicher Uebereinstimmung sämmtlicher Glieder des Gesammtvereins bewirkt werden, wie die Einführung der Gesetze erfolgt. Dieser Grundsatz entspricht der Natur des Zollvereins als einer Societät zwischen souveränen

Staaten. Es scheint allerdings ein arges Mißverhältniß zu sein, daß auf den Generalkonferenzen bei den Fragen, welche überhaupt durch Majorität entschieden werden können und nicht sogar Stimmeneinhelligkeit erheischen, das Votum Preußens mit seinen 17 Millionen Einwohnern nicht schwerer wiegen soll, als das eines Großherzogthums, welches noch nicht eine Million Konsumenten vertritt. Es muß hier an die geschichtliche Thatsache erinnert werden, daß frühere Versuche zum Zustandebringen einer Zolleinigung eben an der Vertheilung des Stimmverhältnisses gescheitert waren, und daß erst Zug in die Sache kam, als Preußen den Entschluß faßte, dem kleinsten seiner Bundesgenossen gleiches Recht einzuräumen. Es vertraute damals der Macht seines moralischen Einflusses, welcher, so schien es, mit Nothwendigkeit der höheren Einsicht des größten in der Verbindung stehenden Staates zufallen mußte, welcher allein vor Allen in seinem weit ausgedehnten Gebiete alle scheinbar widerstreitenden ökonomischen Interessen repräsentirte. Die Erfahrungen an dem politischen Bundestage boten eine passende Analogie dar, auch hier überragen in jener Zeit die realen Machtverhältnisse die formale Bedeutung der Stimmberechtigung im Plenum und engeren Rathe. In der That herrschte Preußen in der ersten Periode des Zollvereins, die wir, freilich nicht weit über den Schluß der dreißiger Jahre rechnen dürfen, innerhalb dessen Wirkungskreises ziemlich unbedingt und doch zugleich mittelst so guter Formen, daß das Selbstgefühl der übrigen Theilnehmer sich nicht verletzt fühlte. Die Schwierigkeiten begannen sich erst zu zeigen, als die Prinzipien des Freihandels und Schutzzolles in einen bewußten Gegensatz traten. Die viel behandelte Twistfrage, die Besteuerung des inländischen und Kolonialzuckers, dann die Eisenzölle wurden die Klippen, an denen die Eintracht im Verein zerbrach. Zwar wurde durch den Zutritt Hannovers zu dem Zollverein ein Element gewonnen, dessen natürliche Interessen als ein Gegengewicht gegen die schutzzöllnerische Richtung älterer Bestandtheile gelten konnten, aber Preußen vermochte seine Präponderanz nicht mehr zu behaupten und den Andrang der Süddeutschen abzuwehren.

Von der Regel, daß jährlich eine ordentliche Konferenz von Bevollmächtigten der Vereinsglieder zusammentreten soll, finden häufig Ausnahmen statt, wie schon daraus hervorgeht, daß von dem Jahre 1836 bis 1860 nur 14 ordentliche Konferenzen gewesen sind. Es ist dies wohl theils eine Folge des Umstandes, daß die Konferenzen regelmäßig nicht, der vereinbarten Bestimmung gemäß, in den ersten Tagen des Juni, sondern meistens erst im Laufe der folgenden Monate zusammentreten, vor allem aber eine Folge davon, daß die Verhandlungen sich gewöhnlich Monate lang hinziehen und deßhalb die Beschlüsse häufig erst zur Ausführung gelangen, wenn eigentlich schon die Vorbereitungen zu einer neuen Konferenz getroffen werden sollten. Denn obgleich wiederholt der Wunsch wegen Beschleunigung der Verhandlungen laut geworden, und deßhalb auf der zehnten Generalkonferenz sogar der Beschluß gefaßt ist, daß die gewöhnlichen Konferenzen längstens bis Ende Juli, also höchstens 8 Wochen, die sogenannten Tariffonferenzen aber (d. h. diejenigen, welche sich mit der alle drei Jahre vorzunehmenden Revision des Zolltarifs zu beschäftigen haben) längstens bis Ende August, also höchstens 3 Monate währen sollen, haben die seitdem stattgehabten Konferenzen jene Frist regelmäßig weit überschritten.

Gegenstände der Verhandlungen der jährlichen Konferenzen sind gewünschte und vorgeschlagene Abänderungen des Grundvertrages und der besonderen Uebereinkünfte, des Zollgesetzes, der Zollordnung, des Zolltarifs und der Verwaltungsorganisation; sodann die definitive Abrechnung zwischen den Vereinsgliedern über die gemeinschaftliche Einnahme auf Grund der von den obersten Zollbehörden aufgestellten, durch das Centralbüreau vorzulegenden Nachweisungen.

Treten im Laufe des Jahres, außer der gewöhnlichen Zeit der Versammlung der Konferenzbevollmächtigten, außerordentliche Ereignisse ein, welche unverzügliche Maßregeln abseiten der Vereinsstaaten erheischen, so vereinigen sich diese im diplomatischen Wege oder veranlassen eine außerordentliche Zusammenkunft ihrer Bevollmächtigten.

Jeder zum Rücktritt entschlossene Staat soll solchen Entschluß zwei Jahre vor Ablauf der ersten Vereinsperiode (31. Dec. 1841), also am 1. Januar 1840, kund thun.

Nach Art. 6. des Vertrages vom 22. März 1833 zwischen

Preußen, Hessen-Darmstadt und Hessen-Kassel einer- und Bayern und Württemberg andererseits soll zwischen den genannten Staaten Freiheit des Handels und Verkehrs und Gemeinschaft der Zolleinnahmen bestehen; nach Art. 7. sollen vom Zeitpunkte der Ausführung des Vertrages an alle Eingangs-, Ausgangs- und Durchgangsabgaben an den gemeinschaftlichen Grenzen der vertragschließenden Theile aufhören, und alle im freien Verkehr des einen Gebietes bereits befindlichen Gegenstände auch frei und unbeschwert in das andere Gebiet eingeführt werden können, mit alleinigem Vorbehalt:

a. der zu den Staatsmonopolen gehörigen Gegenstände (Spielkarten und Salz);

b. der im Innern der kontrahirenden Staaten gegenwärtig entweder mit Steuern von verschiedener Höhe, oder in dem einen Staate gar nicht, in dem andern aber mit Steuern belegten und beßhalb einer Ausgleichungsabgabe unterworfenen inländischen Erzeugnisse, und endlich

c. solcher Gegenstände, welche ohne Eingriff in die von einem der kontrahirenden Staaten ertheilten Erfindungspatente oder Privilegien nicht nachgemacht oder eingeführt werden können, und daher für die Dauer der Patente oder Privilegien von der Einfuhr in den Staat, welcher dieselbe ertheilt hat, noch ausgeschlossen bleiben müssen.

Nach Art. 11 des genannten Vertrages soll das Bestreben der kontrahirenden Theile auf Herbeiführung einer Gleichmäßigkeit in der Besteuerung der fraglichen Erzeugnisse gerichtet sein. Bis dahin aber, wo dieses Ziel erreicht worden, können zur Vermeidung der Nachtheile, welche für die Produzenten des eigenen Staates im Verhältnisse zu denen der anderen Vereinsstaaten aus der ungleichen Besteuerung erwachsen würden, Ergänzungs- oder Ausgleichungsabgaben von Bier, geschrotenem Malz, Branntwein, Taback, Wein und Traubenmost erhoben werden.

Im Laufe der Zeit haben sich innerhalb des Zollvereins behufs gleichmäßiger Besteuerung und daher gemeinschaftlicher Erhebung von Uebergangsabgaben engere Steuervereine gebildet (der Wein- und Tabacksteuerverein, der Branntweinsteuerverein u. s. w.). Dem Anschluß Sachsens, am 30. März 1833, an den unterm

22. desselben Monats konstituirten Verein folgte, wie schon gesagt, am 10. Mai die Gründung des thüringschen Zoll- und Handelsvereins. Die zu demselben gehörigen Staaten verpflichteten sich, wie Sachsen, hinsichtlich der Abgabe von der Branntweinbrennerei, ingleichen von dem inländischen Tabacks- und Weinbau dieselbe Besteuerung und Erhebung eintreten zu lassen, welche in Preußen bereits eingeführt war, und die in den Vereinslanden bestehenden Abgaben von der Bereitung des Bieres nicht unter den Betrag der dieserhalb in Preußen bestehenden Steuer herabzusetzen. Es ward ferner vereinbart, daß vom 1. Januar 1834 ab zwischen Preußen, Sachsen und dem thüringschen Verein auch eine Gemeinschaftlichkeit der Einnahme von der Branntweinsfabrikationssteuer stattfinde, dergestalt, daß der Ertrag dieser Steuer zusammengeworfen und nach dem Verhältniß der Bevölkerung getheilt werde. Schließlich vereinigten sich noch Preußen, Sachsen, Kurhessen und die thüringschen Vereinsstaaten über Gemeinschaftlichkeit der Uebergangssteuer von Traubenmost, Wein und Tabak, und Preußen, Sachsen und der thüringsche Verein über die Gemeinschaftlichkeit der Uebergangsabgaben vom Branntwein. So stehen am Schluß des Jahres 1833 im Betreff der Uebergangssteuern vier Gebiete innerhalb des Zollvereins gegenüber, nämlich 1. Preußen (nebst einer Reihe von Gebietstheilen anderer Staaten und von kleineren Staaten, die, wie Anhalt u. s. w., mit ihrem ganzen Gebiete bereits vertragsmäßig dem preußischen Zollsysteme ganz einverleibt waren), Sachsen und der thüringsche Verein; 2. Baiern und Würtemberg; 3. Kurhessen; 4. das Großherzogthum Hessen. Von Tabak, Weinmost und Wein wurde in Bayern, Würtemberg und in Hessen-Darmstadt keine Uebergangssteuer erhoben, in den übrigen Staaten eine gleich hohe; von geschrotenem Malz erhoben nur Bayern und Würtemberg eine Uebergangssteuer.

Es folgen in den Jahren 1835 und 36 die Anschlüsse von Baden, Nassau und Frankfurt an den Zollverein. Die inmittelst vereinbarten Regulative wegen Erhebung und Kontrollirung der Ausgleichungsabgaben geben ein getreues Bild der Verkehrserschwerungen und Zollformalitäten, welche diese Einrichtung erheischt. Das Einhalten gewisser Straßen für alle Grenzüberfuh-

ren, das Anhalten an gewissen Steuerstellen, die Durchsuchung der
Frachtstücke, die Abfertigung mit Transport-, Ausgangs-, Ueber-
gangs-, Durchfuhr- und Begleitscheinen, die Deposition der Ausgleichungsabgabe, oder Bürgschaftsstellung dafür, der Verschluß
der Waare, die Bürgschaftslöschung innerhalb bestimmter Frist —
alle diese Dinge sind nichts als Verkehrsstrafen, und, da sie zum
Theil auch die nicht übergangssteuerpflichtigen Waaren treffen,
dehnt sich ihre Wirkung auf den Binnenverkehr überhaupt aus.

Was nun endlich den gegen das Ausland aufgestellten Zolltarif betrifft, so war derselbe auf liberale Prinzipien basirt, hervorgegangen aus dem preußischen von 1818. Als der Zollverein
sich bildete, bestanden in Deutschland die verschiedensten Zollsysteme;
von den hohen Schutzzöllen Oesterreichs ging es bis zu der fast
völligen Unbeschränktheit im Grenzhandel Badens hinunter. Der
preußische Tarif von 1818 war ein sehr gemäßigter Schutztarif,
fast eher ein Finanzzolltarif zu nennen. In den den Verträgen
vorangehenden Verhandlungen machten sich natürlich die verschiedensten Ansprüche an den gemeinsamen Tarif laut. Bayern sprach
sich für Schutzzölle aus, wie es sie zur Pflege und Erziehung der
Industrie oder zur Retorsion gegen das Ausland wünschte; Würtemberg suchte zwischen ihm und dem badischen Grundsatze niedriger Zollsätze zu vermitteln. Der preußische Tarif nun, welcher
Vereinstarif werden mußte, verdient eine besondere Aufmerksamkeit.

Dem preußischen Finanzminister Grafen von Bülow gebührt
die Anerkennung, durch die am 7. Januar 1817 vorgelegten Entwürfe eines Gesetzes über die Steuerverfassung des Königreichs
Preußen und eines Gesetzes über den Zoll und die Konsumtionssteuer, den Grundsätzen einer rationellen Staatswirthschaft auf
dem Gebiete der Besteuerung Geltung verschafft und die Anregung
zu einer Umgestaltung der indirekten Steuern in der Mehrzahl
der deutschen Staaten gegeben zu haben. Insbesondere ist die
Gesetzgebung des deutschen Zollvereins unmittelbar aus dem, nach
den Vorschlägen von Bülow's ausgearbeitetem Gesetz „über den
Zoll und die Verbrauchssteuern von ausländischen Waaren und
über den Verkehr zwischen den Provinzen des deutschen Staats"
vom 26. Mai 1818 hervorgegangen. Graf von Bülow wies in
der Denkschrift, mit welcher er die beiden erwähnten Gesetzent-

würfe begleitete, nach, daß es, nächst der Ausgleichung der Staats-
ausgaben mit den Einnahmen überhaupt durch Aufstellung eines
haltbaren Staatshaushaltsetats kein bringenderes Bedürfniß für die
Verwaltung der Finanzen und des Handels gäbe, als das einer
konsequenten und möglichst einförmigen Gesetzgebung in diesem
Administrationszweige für das ganze Staatsgebiet und als Norm
für alle Einwohner des Staats. Er bezeichnete sodann diejenigen
Verbrauchs- und Handelsabgaben als die besten, welche der Industrie den weitesten Spielraum ließen, wenige Gegenstände gleich
und mäßig träfen, den wenigsten Aufwand in der Erhebung und
die wenigste Kontrolle gegen die Steuerpflichtigen erforderten. In
Ansehung der Verbrauchsabgaben von inländischen Gegenständen
war Graf von Bülow für die Aufhebung der belästigenden und
ungleichmäßigen Accise, welche sich in Preußen auf 2775 besteuerte
Gegenstände erstreckte, und Ersetzung derselben durch eine allgemeine Konsumtionssteuer auf eine geringe Anzahl von Artikeln,
die sich hierzu, wie Wein, Bier, Branntwein, Tabac, Fleisch und
Mehl, vorzugsweise eigneten. In Betreff der Handelsabgaben und
Steuern auf ausländische Waaren verlangte er völlige Aufhebung
aller Partikularzölle und Abgaben bei dem Transport im Innern
des Landes, die Aufstellung eines allgemeinen Tarifs für alle vom
Auslande eingehenden, dahin ausgehenden, oder bloß transitirenden
Waaren, freien Handelsverkehr mit dem Auslande, Unterordnung
des Finanzinteresses unter die Interessen des Handels und Ge-
werbfleißes, oder Aufstellung eines bestimmten Handels- und Ge-
werbsystems behufs der Regulirung der Handelsabgaben. Der
preußische Finanzminister erkannte die Erhaltung und festere Gründung der Fabrikation, die Erhaltung und Erweiterung des Handels und das hieran geknüpfte finanzielle Interesse auf die aller-
zuträglichste Weise vereinigt und gesichert, wenn man dem Ge-
werbefleiße und dem Handel in Erzeugung, Verzehrung und Ver-
trieb im In- und Auslande ihren freien Gang lasse und dabei
Willkür, Verfahrungsabweichung und öftere Abänderung in den
Grundsätzen und Modalitäten der Zoll- und Abgabenerhebung ver-
meide. In Bezug auf das Maaß der Besteuerung erachtete er
bei Fabrikaten eine Grenzabgabe bis zu 10 pCt. des durchschnittlichen Werthes für angemessen und zugleich auch für ausreichend,

um dem inländischen Gewerbefleiß einen genügenden Schutz gegenüber der Mitbewerbung des Auslandes zu gewähren. Für fremde
Roh- und Hülfsmaterialien schlug er ganz geringe, für ausländische Verzehrungsgegenstände dagegen eine etwa 30 pCt. des
durchschnittlichen Werthes betragende Besteuerung vor. Höhere
Abgaben, bemerkt von Bülow, würden einem völligen Verbote
ähnlich wirken, den Staatskassen die Revenüen entziehen und nur
Schleichhändlern ein Mittel geben, ihr schädliches Gewerbe zu
treiben. Es sei nichts weniger, als gleichgültig, ob man den
Geist zum Defraudiren beim Volke und die damit verbundene Be-
stechlichkeit der Officianten nähre. Sitten seien mächtiger, als
Gesetze, und das wohlerwogene Interesse der Finanzverwaltung
erfordere, die öffentliche Meinung zu gewinnen, dies könne aber
nur durch Mäßigung und Billigkeit erlangt werden.

Unter der Einwirkung dieser Grundsätze, und gefördert durch
Männer wie W. v. Humboldt, Kunth, Maassen u. A. kam eine
Reihe von wichtigen Steuergesetzen zu Stande, welche nicht allein
eine vollständige Reform der Abgabengesetzgebung und Wirth-
schafspolitik in Preußen bewirkten, sondern auch in vielen Beziehungen die Grundlagen der Steuergesetzgebung für die übrigen
deutschen Staaten geworden sind. Es gehören dahin das oben-
erwähnte Gesetz vom 26. Mai 1818 über den Zoll und die Verbrauchssteuern u. s. w., das Gesetz vom 8. Februar 1819 wegen
Besteuerung des inländischen Branntweins, Braumalzes, Wein-
mostes und der Tabacksblätter, das Gesetz vom 30. Mai 1820
wegen Einführung einer Klassensteuer, das Gesetz von demselben
Tage wegen Beschränkung der Schlacht- und Mahlsteuern auf
einzelne, von der Klassensteuer ausgeschlossene Städte, das Gesetz
von demselben Tage wegen neuer Regulirung der Gewerbesteuer
und Ausdehnung derselben auf den ganzen Staat u. s. w.

Aus dem Gesetz vom 26. Mai 1818 ging der Zollvertrag
zwischen Preußen und dem Großherzogthum Hessen vom 14. Februar 1828 und, im Anschluß an den preußisch-hessischen Zollverein und dessen Gesetzgebung, allmälig der deutsche Zollverein
in seiner jetzigen Ausdehnung hervor. Uebereinstimmend mit dem
Gesetz vom 9. Februar 1819 bilden im Zollverein Branntwein,
Wein, Bier (Malz) und Taback fast ausschließlich die Objekte der

innern Verbrauchsabgaben. Verschiedene Staaten, welche die betreffende preußische Gesetzgebung direkt angenommen hatten, stehen mit Preußen, neben der Zollgemeinschaft, auch in Gemeinschaft der Abgaben von inländischen Getränken u. s. w. Aehnlicher Anerkennung, wenn auch mit weniger auffälligem Erfolg, kann sich das Prinzip der preußischen Klassen-, resp. Einkommensteuer und der Gewerbesteuer rühmen; nur die rationelle Umgestaltung der Grundsteuer scheiterte lange an dem Widerstreit partikularer Standesinteressen.

Das preußische Gesetz vom 26. Mai 1818, welches die innere Verkehrsfreiheit als leitenden Grundsatz voranstellte, fand Preußen in zwei durch fremdes Gebiet getrennte Hälften getheilt. Es war für Hessen keine geringe Aufgabe, alle die Vorurtheile zu überwinden, welche der Zolleinigung mit Preußen entgegenstanden, und die sich in der Tagespresse, in Flugschriften und in Karikaturen jener Zeit wiederspiegeln. Doch der große Gedanke siegte, und Hessen bildete die Brücke für den ungehemmten Güteraustausch zwischen dem östlichen und westlichen Preußen. Einmal entfesselt, brach sich der freie Verkehr nach allen Richtungen hin Bahn, nach Sachsen, wo sich zu einem blühenden Handel ein frisches industrielles Leben gesellte, nach Bayern, dessen Handels- und Gewerbsthätigkeit einen kaum gehofften Aufschwung nahm, und dem die stärkere Konsumtionskraft des Nordens eine reiche Zolleinnahme zuführte, nach Frankfurt, das im Zollverein in allen Beziehungen goldene Früchte erntete, und nach den Küsten der Nordsee, von wo ein frischer Geist im Verkehrsleben rückströmend die deutschen Aue durchbringt.

Auf der Grundlage der preußisch-hessischen Zollgesetzgebung wurden bei der ersten Münchener Konferenz die wichtigsten Vereinsgesetze, nämlich das Zollgesetz, die Zollordnung und das Zollstrafgesetz, so wie die Grundsätze über den Waffengebrauch der Grenzaufsichtsbeamten vereinbart und festgestellt.

———

Die Zollkonferenz in Berlin 1840|41.

Im Herbste 1840 versammelten sich die Bevollmächtigten der Vereinsstaaten in Berlin, um über die Fortdauer des deutschen Zoll- und Handelsbundes und die etwa für nöthig befundenen Modifikationen des ihm zu Grunde liegenden Vertrages Berathungen zu pflegen. War die Hauptsache, nämlich das Fortbestehen des Vereins, auch schon entschieden, indem kein Staat gekündigt hatte, so gab es doch noch vielen Stoff zu behandeln, und der Vereinstag hielt in hohem Grade die Aufmerksamkeit gefesselt.

Was uns von den Ergebnissen des Vereinstages vorliegt, ist hauptsächlich der Vertrag (8. Mai 1841) über die Fortdauer des Verbandes nebst Uebereinkunft wegen Besteuerung des Rübenzuckers.

In dessen Einleitung heißt es: „Nachdem die in Gemäßheit der Verträge vom 22. und 30. März und 11. Mai 1833, und vom 12. Mai und 10. December 1835 und vom 2. Januar 1836 zu einem Zoll- und Handelsverein verbundenen Regierungen — im Anerkenntnisse der wohlthätigen Wirkungen, welche derselbe für den Handel und den gewerblichen Verkehr der Vereinsstaaten, und hierdurch zugleich für die Beförderung der Verkehrsfreiheit in Deutschland überhaupt herbeigeführt hat — in dem Wunsche übereingekommen sind, den Fortbestand dieses Vereins auf eine ebenso den Interessen der Gesammtheit, als den besondern Verhältnissen einzelner Vereinsgliedern zusagende Weise sicher zu stellen, so sind zur Erreichung dieses Zweckes Verhandlungen gepflogen worden" — — — Und diese haben zu folgenden Ergebnissen geführt. Art. 1 setzt die Fortdauer des Zoll- und Handelsvereins vorläufig auf weitere zwölf Jahre, vom 1. Januar 1842 anfangend, also bis zum letzten December 1853 fest; für diesen Zeitraum bleiben die oben genannten Zollvereinigungsverträge auch ferner, jedoch mit den in den folgenden Artikeln enthaltenen Modifikationen und zusätzlichen Bestimmungen, in Kraft.

Art. 2. hebt im Interesse des innern Verkehrs die gemeinschaftlichen Anmeldestellen an den Binnengrenzen (die Zollstätten für
die Ausgleichungssteuern) auf, und Art. 3 ordnet die daraus wegen der annoch verschiedenen Besteuerung nothwendig hervorgehen-
den Maßnahmen an. Art. 4. behauptet die Nothwendigkeit der
Besteuerung des aus Runkelrüben bereiteten Zuckers und erklärt
die hohen kontrahirenden Theile für einverstanden, „daß, wenn die
Fabrikation vom Zucker oder Syrup aus andern inländischen Erzeugnissen als aus Runkelrüben, z. B. aus Stärke, im Zollverein
einen erheblichen Umfang gewinnen sollte, dieselbe ebenfalls in
sämmtlichen Vereinsstaaten einer übereinstimmenden Besteuerung
nach den für die Rübenzuckersteuer verabredeten Grundsätzen zu
unterwerfen sein würde." Art. 5. verspricht die weitere Ausbildung eines gleichartigen Münzsystems auf der bereits gewonnenen
Grundlage; der Zolltarif wird auch fortan in zwei Hauptabtheilungen nach dem 14-Thalerfuße und nach dem 24½-Guldenfuße
angefertigt, in Silbermünze gelten 4 Thaler = 7 Gulden bei
allen Zollhebestellen; die Bestimmung aber, in welchem Silber-
werthe die Goldmünzen auf der Mauth angenommen werden sollen, bleibt jeder Vereinsregierung überlassen. Dasselbe verspricht
Art. 6 in Bezug auf Maß und Gewicht — die gemeinschaftliche
Norm wird auch ferner der bereits im Tarif in Anwendung ge-
brachte Zollcentner geben. Art. 7 bezieht sich auf die Vertheilung
der gemeinschaftlichen Einnahmen. Der Art. 8, der letzte, lautet:
„Sofern der gegenwärtige Vertrag nicht spätestens zwei Jahre
vor dessen Ablaufe gekündigt wird, soll derselbe auf weitere zwölf
Jahre und sofort von 12 zu 12 Jahren als verlängert angesehen
werden."

Was Art. 5. betrifft, so ist hier die unterm 30. Juli 1838
zwischen den Zollvereinsstaaten abgeschlossene Münzkonvention zu
erwähnen. An die Stelle derselben sind indessen nunmehr die
Bestimmungen des am 24. Januar 1857 zwischen Oesterreich und
Liechtenstein einerseits und den durch die Münzkonvention unter
sich verbundenen Zollvereinsstaaten andererseits abgeschlossenen
Münzvertrages getreten. Das Zollgewicht gilt jetzt in den meisten
Zollvereinsstaaten. Für dasselbe ist der badensche Centner (50 Ki-
logramme) als Einheit unter der Benennung Zollcentner ange-

nommen, und wird dieser in 100 Zollpfunde getheilt. Hinsichtlich des Maßes findet eine Uebereinstimmung nicht statt.

Es verdient von dem Vertrage von 1841 sodann in Betracht genommen zu werden, was durch denselben über die inneren Aus- gleichungssteuern bestimmt ist. Die Ausgleichungszölle, bisher er- hoben durch die gemeinschaftlichen Anmeldestellen an den Binnen- grenzen, zwischen Bayern, Würtemberg und Baden einerseits, und den übrigen Vereinslanden andrerseits, haben den Zweck, die an- noch bestehende, verschiedene Besteuerung einzelner wichtiger Er- zeugnisse, wie namentlich von Wein, Most, Bier, Branntwein, Tabac, sei es bei deren Hervorbringung, sei es bei deren Ver- brauch, auszugleichen. Sie sind keine innern Schutzzölle, sie sollen nicht etwa, im Widerspruche mit dem Geiste des Handelsbundes, dem preußischen Winzer vor dem pfälzischen, dem thüringschen Bierbrauer vor dem bayrischen einen Vortheil gewähren, oder gegen die innern klimatischen Verhältnisse künstliche Einflüsse gel- tend machen, sondern einzig zur Ausgleichung der verschiedenen Besteuerung dienen. Indeß hindern sie den freien Tausch der nach Verschiedenheit des Klimas dem deutschen Boden natürlichen Erzeugnisse, binden den Verkehr in diesen an bestimmte Straßen und Anmeldestellen, bilden immerhin innere Schranken und Zoll- stätten mit mannigfaltiger Belästigung für den Handel.

Durch Vertrag vom 8. Mai 1841 erneuern Preußen, Sach- sen und die thüringschen Staaten ihr Vertragsverhältniß wegen gleicher Besteuerung innerer Erzeugnisse. Auch die übrigen Zoll- vereinsstaaten versichern ihre Bereitwilligkeit, eine Uebereinstim- mung in der Gesetzgebung, betreffend die auf innere Erzeugnisse gelegten Bereitungs- oder Konsumtionssteuern, anzubahnen. Man vereinigte sich über folgende Grundsätze:

1. Transitsteuern von inneren Erzeugnissen dürfen nicht er- hoben werden.

2. Innere Verbrauchs- und bezügl. Zubereitungssteuern dür- fen nur auf Branntwein, Bier, Essig, Wein, Most, Ci- der, Tabac, Mehl und andere Mühlenfabrikate, Back- waaren, Fleisch, Fleischwaaren und Fett gelegt werden. Man verständigte sich über gewisse Maximalsätze.

3. Keines der innern Erzeugnisse darf bei der Einfuhr aus einem andern Vereinsstaat höher, oder in einer lästigeren Weise, als das inländische, oder als das Erzeugniß der übrigen Vereinsstaaten besteuert werden.

Dieser letztere Grundsatz verändert das ganze bisherige System, welches hiermit eigentlich aufhört, ein „Ausgleichungsabgaben-system" zu sein. Früher wurde als Ausgleichungsabgabe die Differenz der fremden Steuer von der inländischen beim Uebergange erhoben, jetzt wird auf solche Unterschiede nicht mehr Rücksicht genommen; es wird eben beim Uebergang die volle inländische Steuer erhoben. Früher war die Ausgangsbonifikation beschränkt, jetzt wird sie Regel.

4. Die Uebergangssteuererhebung soll in der Regel im Lande des Bestimmungsortes erfolgen.

5. Die Erhebung von Abgaben für Rechnung von Kommunen oder Korporationen soll nur für Gegenstände, die zur örtlichen Konsumtion bestimmt sind, bewilligt werden, und es sollen dabei die vereinbarten Grundsätze wegen gleichmäßiger Behandlung der Erzeugnisse anderer Vereinsstaaten ebenso wie bei den Staatssteuern in Anwendung kommen. Für diese Konsumtion werden überdies Maximalsätze bestimmt.

In dem Anschlußvertrage vom 18. Oktober 1841 vereinigt sich das Fürstenthum Lippe, rücksichtlich der Uebergangsabgaben, mit Preußen. Braunschweig, das unterm 19. Oktober 1841 dem Zollverein beigetreten, schließt unterm gleichen Tage eine Uebereinkunft mit Preußen wegen gleicher Besteuerung innerer Erzeugnisse. Gleichzeitig tritt es ein in den zwischen Preußen, Sachsen und Thüringen bestehenden Verband, wegen gemeinschaftlicher Erhebung der Uebergangsabgabe von Bier, und in den zwischen denselben Staaten und Kurhessen bestehenden Verband wegen Gemeinschaftlichkeit der Uebergangsabgaben von Wein, Weinmost, Taback und Tabacksfabrikaten. Die Grafschaft Schaumburg tritt bezüglich der Abgaben von Branntwein mit Preußen in Gemeinschaftlichkeit, bezüglich der übrigen Uebergangsabgaben in dasselbe Verhältniß zum Zollverein wie Kurhessen. Unterm 11. Dezember 1841 schließt sich das Fürstenthum Pyrmont hinsichtlich der

Uebergangsabgaben dem preußischen System vollkommen an. Ebenso Luxemburg am 8. Februar 1842.

Ein anderer Punkt, über welchen der Verlängerungsvertrag vom 8. Mai Neues bestimmt, betrifft die Vertheilung der Ver-einszolleinnahmen. Bisher wurden die Eingangs-, Durchfuhr- und Ausfuhrzölle zusammen, nach Abzug der Grenzbewachungs- und Hebekosten, unter den sämmtlichen Vereinsstaaten nach ihrer Bevölkerung vertheilt; nur die freie Stadt Frankfurt genoß wegen ihres starken Verbrauchs an zollpflichtigen Waaren einen etwas größeren Antheil, und Preußen empfing wegen seiner besonders hohen Durchfuhrzölle in dem Gebiete östlich der Oder, und wegen seines Rechtes an den Weserzöllen ein Präcipuum von 300,000 Tha-lern aus der Vereinskasse.

Es hatte der Zollverband durch die Gemeinschaftlichkeit seiner Einnahmen, sehr verschieden und mehr oder minder günstig auf die Finanzen der einzelnen Vereinsstaaten eingewirkt. Für einige dieser Staaten war der Zuwachs der Einkünfte beträchtlich. Dies war das Resultat der Reduktion der Erhebungskosten, die natür-lich, da die Zölle nur noch an den Grenzen nach dem Auslande hin erhoben wurden, und nur diese noch bewacht zu werden brauchten, für alle Staaten mehr oder weniger erheblich war, so wie für einzelne Staaten das Resultat der Erhöhung des Zoll-tarifs, die im Vergleich mit dem früheren besondern in gewissen Vereinsländern stattgefunden hat, und der Gleichmäßigkeit der Vertheilung, welche die höheren Einnahmen von Staaten mit konsumtionsfähigerer Bevölkerung auch den andern zu gute kommen ließ. In Folge dessen erlangte mancher Staat, dem seine Zölle vorher kaum einen halben Gulden auf den Kopf einbrachten, schon im ersten Jahre fast einen Gulden, wodurch nun so viel andere Abgaben reduzirt werden konnten. Nur Preußen sah seine Zoll-einnahmen sich vermindern. Vor 1834 brachten sie ihm eine Nettorevenüe von 20 Sgr. auf den Einwohner; seit jener Zeit nahm diese fünf Jahre hindurch ab. Später stieg sie über diese Ziffer hinaus, aber in der Zwischenzeit hatte Preußen, beunruhigt über das Defizit, welches sich in diesem Theile seines Budgets gezeigt hatte, die Annahme einer geheimen Stipulation durchge-setzt, die ihm das Recht sicherte, aus dem Vereine zu treten, im

Falle sein Antheil auf 10 pCt. unter dem Ertrage fiele, den die Zölle ihm vor 1834 brachten.

Auf der Berliner Konferenz forderte Preußen eine Abänderung des bisherigen Steuervertheilungsprinzips zu seinen Gunsten. Es suchte seine Einbuße auf den Nachweis zurückzuführen, daß der Verbrauch an zollpflichtigen Waaren in seinen Landen größer sei, als in dem übrigen Vereinsgebiete; daß es also zu den Zolleinnahmen des Vereins, die von den Konsumenten getragen werden, verhältnißmäßig mehr beisteuere, als die andern Staaten, ihm folglich auch ein größerer Antheil davon zustehe.

Die künftige Vertheilung der in die Gemeinschaft fallenden Abgaben wurde durch Art. 7 folgendermaßen festgesetzt: 1. Der Ertrag der Eingangsabgaben wird nach Abzug a) der Kosten, welche an den gegen das Ausland gelegenen Grenzen und in dem Grenzbezirke für den Schutz und die Erhebung der Zölle erforderlich sind, b) der Rückerstattungen für unrichtige Erhebungen, c) der auf dem Grunde besonderer gemeinschaftlicher Verabredungen erfolgten Steuervergütungen und Ermäßigungen, zwischen sämmtlichen Vereinsgliedern nach dem Verhältnisse der Bevölkerung, mit welcher sie in dem Gesammtverein sich befinden, vertheilt. 2. Der Ertrag der Aus- und Durchgangsabgaben wird a) so weit sie bei den Hebestellen in den östlichen Provinzen des Königreichs Preußen (also mit Ausnahme der Provinzen Westphalen und Rheinland), im Königreich Sachsen und im Gebiete des thüringschen Zoll- und Handelsvereins eingehen, zwischen diesen Staaten nach dem von ihnen zu verabredenden Theilungsfuße, dagegen b) so weit dieselben bei den Hebestellen in den übrigen Vereinstheilen eingehen, nach der Bevölkerung dieser Vereinstheile unter die betreffenden Staaten vertheilt, und zwar lediglich nach Abzug der Rückerstattungen für unrichtige Erhebungen, und der auf dem Grunde besonderer gemeinschaftlicher Verabredungen erfolgten Steuervergütungen und Ermäßigungen. 3. Bei der Vertheilung wird die Bevölkerung solcher Staaten, welche durch Vertrag mit einem der kontrahirenden Staaten, unter Verabredung einer von diesem jährlich für ihre Antheile an den gemeinschaftlichen Zollrevenüen zu leistenden Zahlung, dem Zollsystem desselben beigetreten sind oder etwa künftig noch beitreten werden, in die Bevölkerung desjenigen Staates eingerechnet, welcher diese Zahlung leistet. 4. Der Stand der Bevölkerung wird alle drei Jahre ausgemittelt. 5. Unter Berücksichtigung der besonderen Verhältnisse, welche hinsichtlich des Verbrauchs an zollpflichtigen Waaren bei der freien Stadt Frankfurt obwalten, ist wegen des Antheils derselben an den gemeinschaftlichen Einnahmen ein besonderes Abkommen getroffen.

Durch diese Trennung des Zollvereins für Aus- und Durchfuhrabgaben in zwei Hälften hoffte Preußen einen größeren Antheil an den Vereinseinkünften zu erzielen.

Sehr wichtig ist im Vertrage vom 8. Mai die Besteuerung des Runkelrübenzuckers. Sie wurde beliebt, um den in Folge der Ausdehnung dieses Industriezweiges zu besorgenden Ausfall zu decken. Um die Geschichte der Entwicklung der so höchst wichtigen Zuckerzollfrage, die im Laufe der Jahre sehr verschiedene Stadien durchlaufen hat, nicht zu zerreißen, werden wir an einer andern Stelle sie im Zusammenhange geben. Hier sei nur bemerkt, daß der Zollverein durch den Art. 4 des Vertrages vom 8. Mai einen großen Schritt weiter auf der Bahn des Schutzsystems that, und daß überhaupt damals die öffentliche Meinung von den Anschauungen dieses Systems sich einnehmen ließ, ganz im Widerspruch mit der preußischen, auf den Zollverein übergegangenen Zollgesetzgebung von 1818.

Die schutzzöllnerische Richtung des Vereins.

Da das sogenannte Merkantilsystem, das besonders durch den Kaiser Karl V ausgebildet wurde, von der Ansicht ausging, daß nur das Metallgeld den Reichthum ausmache, so suchte es die Einfuhr von Waaren zu hindern, die Ausfuhr dagegen zu erleichtern, um möglichst viel baares Geld ins Land zu schaffen. Die Waaren, namentlich Fabrikerzeugnisse, wurden daher mit so hohen Zöllen belegt, daß deren Einfuhr sehr erschwert, wenn nicht ganz verhindert wurde. Dieses System besteht heute noch in Rußland, Schweden, Portugal; bis vor wenigen Jahren in Oesterreich, Spanien, Frankreich. Ein Ausfluß des Prohibitivsystems ist das Schutzzollsystem. Dies herrscht jetzt in Oesterreich, im Zollverein, in Norwegen, Dänemark, Belgien u. s. w. Durch dasselbe wird die Erzeugung gewisser Waaren im Inlande in der Art begünstigt, daß ein größerer oder geringerer Zoll von denselben Waaren bei deren Einfuhr genommen, oder daß ein Ausfuhrzoll auf solche Stoffe gelegt wird, welche zur Verfertigung dieser Waaren dienen. Auf den Ertrag, den die Steuerkasse dadurch erhält, wird nicht gesehen, sondern besonders darauf, daß durch die Vertheuerung der ausländischen Waaren vermittelst des Zolles die inländischen Erzeuger in den Stand gesetzt werden, hohe Preise zu verlangen, und dadurch zu der Produktion der betreffenden Waare sich animirt sehen. Dieser Zoll wird also eigentlich von den inländischen Konsumenten getragen, die ohne denselben die Waare billiger vom Auslande erhalten hätten. Nach dem sogenannten Finanzzollsystem werden die Zölle in der Höhe angelegt, daß sie der Staatskasse so viel wie möglich abwerfen, d. h. daß so viel Waaren als möglich die Zollgrenze passiren. Dieses System existirt in England, Holland, Mecklenburg, Toskana, Griechenland, in der Türkei, der Schweiz, in den Hansestädten. In den beiden letzteren Staatsgruppen sind die Zölle so niedrig, daß sie sich dem ganz freien Handel nähern und die Staatskasse noch mehr indirekt durch die Belebung des Verkehrs, als direkt durch die in den Augen der reinen Finanzpolitik fast zu niedrigen Zölle sich bereichert.

Betrachtet man die Einfuhrzölle vom Standpunkt der Finanzzollpolitik, so sind sie dadurch gerechtfertigt, daß die Inländer von der Erzeugung gewisser Waaren Steuern zahlen müssen, und es unbillig wäre, die ausländischen frei zu lassen, welche eine um so gefährlichere Konkurrenz machen könnten, als oft die ausländischen Waaren ihre Steuern bei der Ausfuhr aus ihrer Grenze rückvergütet erhalten. Die ausländischen Produzenten müssen also den inländischen mindestens gleich gestellt werden. Finanzzölle sind nothwendig, so lange es überhaupt Steuern in einem Lande giebt.

Ausgangszölle wie Ausgangsprämien sind Schutz- und Aufmunterungsmaßregeln zu Gunsten der inländischen Industrie. Wenn Ausgangszölle z. B. von der Schafwolle und von Lumpen erhoben werden, um die Schafwollen-Industrie und die Papierfabrikation zu unterstützen, so wird im ersten Falle die Schafzucht, ein wesentlicher Theil der Landwirthschaft, zu Gunsten der Fabrikanten benachtheiligt; denn die ausländischen Käufer werden sich den Betrag des Ausgangszolls am Kaufpreis nicht anrechnen lassen; im andern Falle müssen grade ärmere Leute reichen Fabrikanten Tribut steuern.

Durchgangszölle, zumal hohe, sind für ein Land immer nachtheilig. Jedes Land muß wünschen, daß es von Handelsstraßen und Handelszügen durchschnitten wird; denn wo der Handel hinkommt, läßt er Wohlstand zurück. Durch Transitzölle aber verscheucht man ihn von seinen Grenzen.

Differenzialzölle sind diejenigen niedrigen Zölle, die einem Lande als Begünstigung vor einem andern gewährt werden. Durch den Vertrag von 1853 mit Oesterreich hat der Zollverein ein Differenzialzollsystem adoptirt. In demselben Jahre wurde der Vertrag des Zollvereins mit Belgien aufgehoben. Letzteres war durch einen Differenzzoll vor andern Ländern begünstigt, indem von dorther Roheisen unter einer Zollermäßigung von 5 Sgr., und Stabeisen unter einer Zollermäßigung von 7½ Sgr. zugelassen wurde. Das Verwerfliche von Differenzialzöllen liegt auf der Hand. Wenn der allgemeine Roheisenzoll den Preis bei uns um 10 Sgr. pro Centner erhöht, so ist kein Grund, warum der Belgier diesen ganzen Zollzuschlag beziehen, und nur die Hälfte davon an die Staatskasse abgeben solle; denn das heißt: unsere Eisenkonsumenten an Ausländer Zoll zahlen lassen.

Die Finanzzollpolitik glaubt die inländische Industrie grade dadurch besonders zu heben, daß sie ihre Kasse durch die Einfuhr einer größtmöglichsten Masse ausländischer Produkte zu füllen sucht; denn wenn viele Waaren eingeführt werden, so müssen, um sie zu bezahlen, auch viele Waaren exportirt und dazu viele produzirt werden. Da das Ausland nicht dieselben, sondern andre Güter für die importirten ausführen will, so wird sich jedes Land gerade auf diejenige Produktion werfen, welche der Natur ihrer Verhältnisse nach am gewinnbringendsten ist.

Im Zollverein, wie bei allen Schutzzollsystemen, sind die Einfuhrzölle rücksichtlich ihrer Höhe in drei Abtheilungen getheilt, je nach der Natur der Waare. Rohprodukte (z. B. Häute, Holz, Baumwolle, Schafwolle) sind frei, oder nur gering besteuert, um der inländischen Produktion die Mittel zu ihrem Betriebe nicht zu vertheuern. Zu ihnen gehören auch noch Nahrungsmittel, deren Besteuerung in Zeiten der Noth ganz erlassen wird, wie Getreide, Reiß u. s. w.*) Halbfabrikate (z. B. Roheisen, Baumwollengarn), welche im Inlande noch einmal verarbeitet werden, ehe sie in den Konsum übergehen, sind etwas höher besteuert, weil die Erzeugung derselben auch im Inlande begünstigt werden soll. Ganzfabrikate (z. B. Tuche, Eisenwaaren u. s. w.) tragen die höchsten Steuern, weil man die inländische Arbeitskraft dadurch vor der ausländischen schützen will.

Hohe Steuern auf Ganzfabrikate sind am ehesten zu entschuldigen. Die Steuern auf Halbfabrikate sollten möglichst niedrig und im Interesse der Staatskasse angelegt sein, weil der Produzenten nur Wenige sind, dagegen Viele von der Umarbeitung dieser Halbfabrikate in Ganzfabrikate, also z. B. in Baumwollengewebe und kleine Eisenwaaren, sich ernähren. Es ist besser, man führt die Theilung der Arbeit auch zwischen verschiedenen Nationen ein, und läßt die Engländer Garn spinnen, wozu ihnen der Markt des Rohstoffes und das große Kapital dient, gebe sich aber bei uns mehr mit dem Weben ab, zu dem man das billige Garn aus England bezieht, um Gewebe wieder durch englische Kaufleute und Kommissionäre (wie dies aus dem bayrischen Voigtlande geschieht) z. B. nach der Levante zu exportiren.

Für Ganz- und Halbfabrikate aller Art hat der Zollvereinstarif immer mehr den Charakter eines strengen Schutzzollsystems angenommen. Der ursprünglich mäßige Zoll wurde nach vielen

*) Die Getreidezölle des Zollvereins sind in der That nur noch statistische Kontrolgebühren; besser wäre es aber, wenn sie ganz wegfielen, und eine Ermäßigung oder Beseitigung der Viehzölle würden wir ebenfalls als Fortschritt begrüßen, sofern die finanziellen Ausfälle nicht zu bedeutend wären.

Richtungen hin erhöht (auf Roheisen, Twiste, Kurzwaaren ꝛc.). Diese Tendenz tritt in den vierziger Jahren hervor, um bis gegen Ende der funfziger sich immer entschiedener zu manifestiren. 1844 wurde ein Eisenzoll von 10 Sgr. pr. Centner (Roheisen) bewilligt, 1847 der Twistzoll von 2 auf 3 Thlr. erhöht.

Das Schutzollsystem gewährt einigen Produzenten ein Privilegium und benachtheiligt die Konsumenten. Der Staat bestimmt z. B., daß, wenn ich einen Centner fremdes Roheisen, der vielleicht einen Thaler kostet, beziehe, ich gehalten sein soll, 10 Sgr. zu der für Staatsbedürfnisse aufzubringenden Summe beizutragen. Da ich nun auf die eine oder die andere Weise meinen Staatsbeitrag entrichten muß, bin ich zufrieden, bei Gelegenheit des Eisenkaufs diesen Beitrag in der Höhe von 10 Sgr. zu zahlen. Nun wird aber dadurch der Verkaufspreis alles Roheisens im Zollverein von der Qualität des einen Thaler kostenden fremden auf 1⅓ Thaler gestellt, ich muß also für den Centner inländisches Roheisen ebenfalls 10 Sgr. mehr zahlen, als ich eigentlich nöthig hätte, ohne daß dadurch der Staat etwas empfängt. Diese 10 Sgr. gehen aus meiner Tasche in die des inländischen Produzenten. Der inländische Rohzucker zahlt (oder zahlte) einen Zoll von 5 Thlrn. vom Centner; der Centner Rübenzucker, von gleicher Qualität, nur 1⅓ Thlr. Der Konsument bezahlt für einheimischen Zucker denselben Preis, wie für fremden Zucker gleicher Güte, giebt also bei jedem Centner, den er kauft, 3⅓ Thlr., die der Staat nicht erhält, und dieser hat in seinen Zolleinnahmen dadurch, daß inländischer Zucker statt importirter verbraucht wird, einen großen Ausfall.

Aus Carnall's Angaben über Bergwerks- und Hüttenbetrieb sehen wir, daß von 1844, in welchem Jahre der Schutzoll von 10 Sgr. pr. Ctr. Roheisen gewährt wurde, bis Ende 1847, zu welcher Zeit politische Wirren den Gang der Industrie störten, die Roheisenproduktion im preußischen Staate von 1,800,000 Ctr. auf 2,500,000 Ctr. stieg, und die Arbeiterzahl in den Bergwerken von 6000 auf 10,000, in den Schmelzhütten von 8000 auf 9000; auch etwa 1000 Arbeiter mehr zur Beschaffung des Mehrverbrauchs an Kohlen beschäftigt wurden. Diese Mehrausbeute von 700,000 Ctr. Roheisen nebst Mehrbeschäftigung für etwa 6000

Arbeiter ist ein an sich erfreuliches Resultat, das aber dadurch erkauft ist, daß die Konsumenten jeden Centner mit 10 Sgr. mehr haben bezahlen müssen, denselben also eine jährliche Summe von 833,000 Thlrn. abgenommen ist. Diese Summe, welche in drei Jahren 2½ Millionen Thlr. beträgt, hätte ganz andere Früchte für die Arbeiterbeschäftigung tragen können, wenn sie nicht geopfert, sondern erspart worden wäre, wenn sie nicht in den bodenlosen Brunnen einer schutzbedürftigen Unternehmung geworfen, sondern zur Erweiterung der auf dem festen Boden der Konkurrenzfähigkeit stehenden Industrie verwandt wäre; man hätte damit alle drei Jahre ein Industriekapital erübrigt, womit über 7000 neue Arbeiterstellen zur fortdauernden Ernährung von eben so viel Familien auf alle Zeit hin gegründet wären. Die Vermehrung der Beschäftigung für Arbeiter hängt lediglich von der Vermehrung des Kapitals ab. Eine künstliche Vermehrung der Ausgaben durch Vertheilung der Verbrauchsgegenstände erschwert die Erübrigung neuer Kapitalien. Wenn die Konsumenten 833,000 Thlr. mehr für Roheisen geben müssen, so bleibt ihnen um so weniger für sonstige Materialien, Werkzeuge und Einrichtungen, womit sie ihre Produktion ausdehnen und neue Arbeiter beschäftigen könnten. Die deutschen Eisenproduzenten schieben gewöhnlich unübersteigliche Naturverhältnisse als Grund vor, weshalb sie das Eisen nicht so billig erzeugen können, als das Ausland. Wenn aber eine unübersteigliche Mißgunst der Natur entgegensteht, so liegt darin bloß ein Grund, unsern Eisenbedarf nicht selbst zu produziren, sondern zu kaufen, d. h. unsere Kapitals- und Arbeitskräfte nicht auf unergiebige oder ungünstig gelegene Bergwerke, sondern auf andere Zweige der Industrie zu verwenden, mit deren Erzeugnissen wir Bergwerksprodukte in reichlicherem Maße eintauschen könnten.

Aus dem Voigtlande werden große Quantitäten von gefärbten Baumwollengeweben nach England abgesetzt. Dieses könnte wahrscheinlich das Produkt selbst ebenso billig, und, in Betracht der wegfallenden Doppelfracht, billiger herstellen, weil es das Garn, welches jene Weber nöthig haben, selbst produzirt, und weil seine Maschinenkräfte ausgebildet sind. Allein die englischen Industriellen ziehen es vor, dieses Fabrikat aus Deutschland zu beziehen, weil sie noch mehr Gewinnst in der Baumwollenspinnerei machen, als in der Weberei. Derselbe Grund aber, der die Schotten veranlaßt, Baumwollengewebe im Fichtelgebirge zu bestellen, sollte die Deutschen veranlassen, sich mehr auf die Weberei und Färberei zu verlegen, und, statt selbst kostspieliger das Garn zu spinnen, dasselbe aus England zu beziehen. Die Vergrößerung der Produktion in einem Zweige würde den Vortheil haben, daß eine größere Arbeitstheilung möglich wird, daß beim Einkauf der Halbfabrikate im Großen, so wie beim Verkaufe die Handelskonjunkturen besser benutzt werden können, daß überhaupt die Produktionskosten vermindert und dadurch der Markt bedeutend erweitert, durch die Masse der Produktion die Ersparung an Arbeitskraft, durch die Vermehrung der Nachfrage aber der Gewinn noch mehr erhöht wird.

Die Fabrikanten im Voigtlande arbeiten jetzt noch größtentheils ohne Maschinenwebstühle. Würden die Millionen, die zur Errichtung von Maschinenspinnereien angewandt werden, zum Ankauf von Webemaschinen und Garn verwandt, so könnte dieselbe Anzahl von Arbeitern, an den Maschinen beschäftigt, vielleicht fünfmal so viel produziren.

Wir sehen aber, wie dagegen die Baumwollenspinnerei des Zollvereins fortwährend wächst. 1840|42 wurden nur 242,720 Ctr. Baumwolle verarbeitet, 1843|45 bereits 304,634 Ctr.; 1855|57 750,758 Ctr. Die Zunahme der Baumwollenspinnereien, so wie deren Spindelzahl ist besonders auffallend in Bayern. Während dieses Land 1848 kaum 50,000 Spindeln zählte, besaß es 1858 schon 18 Spinnereien mit 548,700 Spindeln. 1856 wurde die Spindelzahl des Zollvereins auf 1,200,000 geschätzt, 1858 schon 2,018,146 (in 208 Spinnereien). Beiläufig mag hier bemerkt werden, daß man in Deutschland auf 1000 Spindeln 20 Arbeiter zu rechnen pflegt, woraus resultiren würde, daß im Zollverein 1858 lediglich mit der Baumwollenspinnerei 40,362 Menschen beschäftigt wurden.

Trotz der hiermit gezeigten Vergrößerung der Baumwollenspinnerei findet eine nicht aufhörende Importation englischer Gespinnste Statt, weil die inländischen Spinnereien den einheimischen Bedarf nicht zu befriedigen vermögen.

Die Weberei, dieses seit uralter Zeit in Deutschland blühende Gewerbe, welches in sehr großem Umfange exportirte, ist durch den Twistzoll in eine schlimme Lage versetzt. Unsere großen Spinnereien sind meistentheils mit mechanischen Webereien verbunden, die das Gespinnst zum größten Theil, wo nicht ganz verbrauchen. Von ihnen also können die Weber nicht kaufen, und finden auswärts ebenfalls einen sehr knappen Markt. Das theuer gekaufte Garn müssen sie obenein mit 3 Thlr. den Centner versteuern, und mit den aus dem versteuerten Garn produzirten Geweben sollen sie den mechanischen Webereien gegenüber in Konkurrenz treten, welche sich ihr eignes Garn unversteuert und wohlfeil produziren; sie sollen konkurriren nicht nur auf dem inländischen, durch einen hohen Schutzzoll umhegten Markte, sondern auch auf dem ausländischen, wo sie, die eine hohe Garnsteuer gezahlt haben, vor ihren unbesteuerten Konkurrenten nichts voraus haben. An eine Vergütung der gezahlten Steuer beim Export ist nicht zu denken, da der unbesteuerte Stoff von dem versteuerten nicht zu unterscheiden ist. Die hohe Garnsteuer müssen zum Theil die inländischen Konsumenten tragen, zum Theil die Arbeiter, welche durch geringeren Lohn ihre Arbeitgeber in den Stand setzen müssen, mit ihren besser situirten Konkurrenten in die Schranken zu treten.

Also auf Kosten der Weberei gehen die Dividenden der Spinnereien in die Höhe. In den „Materialien zur Beurtheilung der Twistzollfrage" von Hübner wird nachgewiesen, daß die bayrische Spinnerei mit den Zollschutzpreisen 1857: 16,19; 1858: 19,35; 1859: 24,85 pCt. Gewinn (ohne Abzug der Abschreibungen) gemacht hat, und daß ohne Zollschutz, d. h. wenn sie den Centner Garn um 3 Thlr. billiger hätten verkaufen müssen, der Gewinn 1857: 8,2; 1858: 11,3; 1859: 15,7 pCt. des Anlage- und Betriebskapitals betragen hätte. Das sind Gewinnsätze, bei welchen die Spinnerei gut bestehen kann, besonders wenn man bedenkt, daß Aktiengesellschaften immer theurer produziren, als einzelne Fabrikanten, und daß bei der bayrischen Spinnerei das Anlage- und Betriebskapital in jenen drei Jahren mit Fl. 28,26 resp. 23 per Spindel berechnet wurde, während nach Angabe der

Direktion anderwärts die Anlagekosten nur 15 Fl. per Spindel betragen.

Wie die Spinner die erschwerte Einfuhr von Garnen beibehalten wollen, dagegen die Weber klagen, daß sie bei Vertheuerung der zu ihrem Betriebe erforderlichen Halbfabrikate nicht bestehen können und durch die englische Konkurrenz verdrängt werden müssen, so zeigt sich ein Gegensatz von Wünschen und Interessen bezüglich der Eisenzölle. Nehmen wir z. B. die Berichte preußischer Handelskammern über das Jahr 1858 zur Hand. In den Hauptmittelpunkten des Eisenstein- und Kohlenbergbaus ist man sehr beunruhigt durch die Behauptung, daß Preußen auf der bevorstehenden Zollkonferenz in Harburg Anträge auf Herabsetzung der Eisenzölle formuliren werde. Die Handelskammern zu Essen-Stolberg „rufen den fernern Schutz des Staats für diesen bedeutenden Faktor vaterländischer Gewerbsthätigkeit an." Die Handelskammer zu Mühlheim a. d. Ruhr meint, „daß jetzt wohl selbst die größten Gegner der Eisenzölle von der Nothwendigkeit des bisherigen Schutzzolls überzeugt sein würden," und fügt die Versicherung hinzu, „wenn des Schutzes ungeachtet jetzt ein großer Theil unserer Hochöfen ihren Betrieb eingestellt haben, so erscheint es unzweifelhaft, daß ohne denselben sämmtliche Hochöfen des Zollvereins dieselben hätten einstellen müssen." Dagegen ist man begreiflicher Weise in den Industriedistrikten, wo Eisen verarbeitet wird, und wo daher die Beschaffung billigen Eisens eine Lebensfrage ist, ganz anderer Meinung. Die Handelskammer des industriellen Kreises Lennep schreibt: „Die inländische Roheisenfabrikation ist seit mehreren Jahren schon so weit vorgeschritten, daß sie auch ohne Schutzzölle der ausländischen Konkurrenz die Spitze bieten kann. Die vielen neuen und großartigen Anlagen von Hochöfen und Puddlingswerken, das außerordentlich schnelle Prosperiren derjenigen Besitzer, welche mit Sachkenntniß und Besonnenheit das Geschäft betreiben, beweisen hinreichend dessen ungemein günstige Rentabilität. Es scheint uns daher nicht gerechtfertigt, daß eine kleine Zahl solcher Gewerbtreibenden aus übrigens zu erklärenden Motiven die Wünsche fast aller Staatsangehörigen auf Aufhebung des Eisenschutzzolles fortwährend jetzt noch, nachdem ihre Industrie hinreichend gekräftigt ist, durch entgegengesetzte

Bestrebungen zu paralysiren sucht, und dadurch dem Aufschwunge
der Eisen- und Stahlwaaren-Industrie hemmend in den Weg
tritt." Die Handelskammer besteht daher auf zollfreie Einfuhr
des ausländischen Roh- und Stabeisens. Die Handelskammer zu
Solingen schreibt: „Die hohen Zölle auf Eisen und Stahl erschweren uns in den gröberen Sorten von Messern die Konkurrenz gar sehr, weshalb wir es beklagen, daß die Bemühungen,
darin eine Ermäßigung eintreten zu lassen, an dem Widerspruch
anderer Zollvereinsstaaten gescheitert sind." Die Aeltesten der
Berliner Kaufmannschaft beschweren sich, daß die hohen Eisenzölle
den Maschinenbau beeinträchtigen und führen u. A. dafür folgendes schlagende Beispiel an: „Die Hamburger Wagenbauanstalt
von Lauenstein ist in der glücklichen Lage, unversteuertes Eisen zu
verarbeiten, und würde also, bei sonst gleichen Verhältnissen, nach
Rußland, Schweden, Dänemark u. s. w. wohlfeiler liefern können,
als Berlin. Der Eingangszoll auf Eisen und Stahl berechnet
sich bei einem Personenwagen mit sechs Rädern auf 124 Thlr...
Soll unsere Wagenbauanstalt ihre Lieferung für das Ausland gegenüber einer Konkurrenz von Plätzen, die von Eingangszoll nicht
betroffen werden, behaupten, so wird dies nur durch die längst
ersehnte Reduktion der Eisenzölle, oder durch die Gewährung eines
Rückzolls möglich sein." Die Handelskammer des Kreises Hagen
berichtet über die Branche „Eisen- und Stahlwaaren" Folgendes:
„Die ungünstigen Verhältnisse dieser Industrie, der ältesten, natur-
gemäßesten und die meisten Familien ernährenden unseres Kreises
und der Grafschaft Mark überhaupt, haben wir in unsern früheren Jahresberichten erschöpfend dargelegt. Die englische Konkurrenz bemächtigt sich derselben bei ihrem billigeren Eisen auf
allen transatlantischen Märkten immer mehr, und von den wenigen Gegenständen, worin sie durch verhältnißmäßig niedrigeren
Arbeitslohn noch gleichen Schritt zu halten vermochte, geht allmälig
einer nach dem andern für unsre Gegend verloren. Ohne überseeischen Absatz, dem sie ihren früheren Aufschwung verdankt, muß
sie am Ende ganz verkümmern. Hiesige Exporthäuser sehen sich
schon genöthigt, manche Artikel aus England nach den Seeplätzen
zu beziehen, für deren Anfertigung müßige Hände genug in ihrer
Nähe sind. Die Preise des englischen Stabeisens sind ebenso wie

die hiesigen heruntergegangen; die billigste Sorte, welche sich zu
7 Pfd. Strl. 5 Sh. pr. Ton dort zu circa 24¼ Thlr. pr. 1000 Pfd.
alt Gewicht berechnet, kostet jetzt hier 39¼ Thlr., mithin ungefähr
60 pCt. mehr, wobei selbstredend alle Bestrebungen unserer Fabrikanten, das Exportgeschäft in hiesigen Fabriken zu erhalten,
vereitelt werden müssen." Selbst die schutzzöllnerische Handelskammer zu Elberfeld, welche der Meinung ist, „daß der Eisenproduktion ein ausreichender Schutz bis zu dem Zeitpunkte gebühre,
wo Deutschland seinen Bedarf an Eisen ganz zu decken im Stande
ist, erachtet es doch für ihre Pflicht mitzutheilen, daß die dies-
seitige Eisenfabrikation ganz anderer Ansicht ist, indem sie behauptet, „daß die Aufhebung oder doch successive Ermäßigung der
Eingangszölle auf Roheisen, Schmiedeeisen und Stahl für sie zur
Lebensfrage geworden sei, indem sie bei der Fortdauer des jetzt
bestehenden Druckes, je länger, desto mehr Boden an England
verlieren müsse."

Nicht immer hat Preußen, wie oben schon bemerkt, zurückge-
standen hinter England u. s. w. in der Durchführung der richtigen
Grundsätze bei der Zollgesetzgebung. Nach dem Frieden von
Tilsit, als der preußische Staat neu aufgebaut wurde, erhielt
Preußen (1818) einen Zolltarif, so freihändlerisch geformt, daß
dieses Beispiel die Engländer erst ermuthigte, die jetzt von ihnen
innegehaltene Bahn zu betreten. Dieser Tarif setzte u. A. fest,
daß nur 10 pCt. vom Werthe der Waaren als Steuer erhoben
werden solle, und es wurde bestimmt, daß alle drei Jahre eine
Revision des Tarifs Statt finden solle, um die Steuer eines Ar-
tikels, dessen Werth sich im Laufe der Zeit geändert, aufs neue
zu normiren. Leider wurde eine solche Revision nur einmal
(1821) vorgenommen, und auch damals hielt man noch den Grundsatz der 10 pCt. nicht mehr fest. Als der Zollvertrag mit den
Klein- und Mittelstaaten 1833 von Preußen abgeschlossen wurde,
kannte der Zolltarif noch keine Schutzzölle. Aber der preußische
Zolltarif vom Jahre 1818 war dadurch, daß die Besteuerung des
Werthes durch Zollsätze auf das Gewicht erstrebt wurde, zu einem
Schutzzollsysteme ausgeartet, welches ursprünglich nicht dessen
Zweck war. Funfzig Thaler Zoll auf den Centner Baumwollen-
waare zu einer Zeit, wo der Centner 500 Thaler Werth hatte,

war kaum mehr als ein Finanzzoll, während er zu einem Prohi-
bitivzoll wurde, als der Werth des Centners im Durchschnitt auf
100 Thaler herabsank. Unter diesem Schutz entstanden in
Süddeutschland viele neue Industrien und bald war die handelspolitische Stellung der Staaten im Zollverein dahin verändert, daß die Süddeutschen auf Erhöhung und Vermehrung der
Schutzzölle drangen und Preußen diesen Andrang abzuwehren
hatte. Unter dem Einflusse, den die süddeutschen Staaten auf
Preußen ausübten, hat sich das Schutzzollsystem immer mehr entwickelt, und erst in den letzten Jahren ist ein Stillstand in dieser
Beziehung eingetreten, und durch die bedeutenden Tarifermäßigungen im Vertrage mit Frankreich ein Uebergang zum Finanzzollsystem.

Preußen beantragte selber 1851 auf der Konferenz zu
Kassel Erhöhung der bestehenden Eingangszölle und Gewährung
von Ausfuhrprämien auf Manufakturen. Die Stimmen aller
Sachverständigen in Preußen, namentlich die des Herrn v. Patow,
traten gegen diese Anträge in der Presse auf, dem Gewichte dieser Stimmen, dem Einfluß der Presse ist es zu danken, daß die
Anträge auf der Zollkonferenz durch Braunschweig scheiterten. Die
Nothwendigkeit der Zustimmung aller Staaten zu den Tarifver-
änderungen war es, welche 1851 den Uebergang in ein definitives
Schutzsystem verhinderte. Von den damals von Preußen vorgelegten Vorschlägen in schutzzöllnerischem Sinne war der wichtigste
die Erhöhung des Twistzolles von 3 auf 5 Thlr., und der Schritt,
der an dem Widerspruch Braunschweigs scheiterte, würde uns in
seinen Konsequenzen tief in das System prohibitiver Zölle geführt
haben.

Wir hören oft noch von schutzzöllnerischer Seite die zollvereinsländische Industrie als eine noch sehr in der Kindheit befind-
liche, großen Schutzes bedürftige beklagen und ihren Zustand als
einen solchen hinstellen, welcher die beabsichtigte Tarifreform als
tödtlich erscheinen lasse. Wir sind nun weit entfernt, die Industrie
des Zollvereins in allen Stücken der Industrie Englands, Frankreichs, Belgiens, der Schweiz für ebenbürtig zu halten. Aber
wir meinen auch, daß es keiner Nation bestimmt sei, in allem
sich auszuzeichnen, und daß die Verschiedenheit natürlicher und

sonstiger Bedingungen einer jeden das Feld anweise, welches sie
mit Glück zu bebauen berufen ist. Würde das eine jede thun, so
würden sich alle am besten befinden.

Der Zollverein hatte 1834 25 Millionen, 1860 33⅓ Mill.
Einwohner. Daß der durchschnittliche Wohlstand dieser Bevölkerung, also ihre Konsumtionsfähigkeit, in diesen 25 Jahren gestiegen ist, wird wohl allseitig zugegeben werden. Wir erinnern nur
an die bedeutenden Fortschritte der Ackerbauproduktion in den
meisten Gegenden Deutschlands, an die ungeheuren Kapitalien,
welche das Volk aus seinen Ersparnissen auf Eisenbahnbauten ge-
wendet hat, an die in weit größerem Verhältnisse als die Volkszahl gestiegene Einfuhr von Kaffee, Thee, Taback ꝛc. und andere
unwiderlegliche Zeichen. Der Zuwachs, welchen der Zollverein
durch die Staaten des Steuervereins erlangt hat, besteht in einer
sehr wohlhabenden und konsumtionsfähigen Bevölkerung. Wenn
wir daher annehmen, daß, während die Menschenzahl im Verhältnisse von 1 zu 1,3 zugenommen hat, der Verbrauch an Industrieprodukten im Zollverein selbst mindestens um 50 pCt. gestiegen sei
(bei baumwollenen und damit gemischten Artikeln sind 100 pCt.
nachzuweisen, da die zollvereinsländische Baumwollgarnkonsumtion,
aus der Summe der eingeführten Twiste und der versponnenen
Baumwolle berechnet, von nicht ganz 500,000 Centnern auf ungefähr 1¼ Mill. Ctr., die Ausfuhr an Garnen und Geweben von
Baumwolle aber nur von ungefähr 140,000 Centnern auf ungefähr 250,000 Ctr. gestiegen ist), so glauben wir uns keinerlei
Uebertreibung schuldig zu machen.

Die Vermehrung des Eisenverbrauchs, in welcher sich gewissermaßen das Wachsthum aller Produktionszweige wiederspie-
gelt, mag seit 1834 leicht das 20fache betragen.

Während dieser 25jährigen Periode nun, welche eine solche
Steigerung der innern Konsumtion aufweist, haben sich in Bezug
auf die industriell wichtigsten Gegenstände die Verhältnisse der
Einfuhr und Ausfuhr des Zollvereins in der Weise geändert,
welche aus folgender Uebersicht erhellt, die die Jahresdurchschnitte
der Einfuhr und Ausfuhr in zwei verschiedenen Perioden nach
Centnern in runden Summen angiebt.

3

	1836/40 Einfuhr Ctr.	1836/40 Ausfuhr Ctr.	Jahr	1856/60 Einfuhr Ctr.	1856/60 Ausfuhr Ctr.	Zunahme (+) oder Abnahme (−) Einfuhr	Ausfuhr
Baumwolle	234,000	48,000		1,260,000	287,000	+ 1 : 8	+ 1 : 6
			1860	1,720,000			
			1861	2,012,000			
Baumwollen-Garn 1- und 2bräßtig	358,000	29,000		520,000	26,000	+ 1 : 1,5	− 1 : 0,9
			1860	468,000			
			1861	457,000			
Baumwollene Zwirne und gefärbte Garne	7,000	19,500		5,000	26,500	− 1 : 0,7	+ 1 : 1,3
Baumwollene Waaren . .	16,000	88,000		11,000	192,000	− 1 : 0,6	+ 1 : 2,2
			1861	9,500			
Roheisen Pos. 6a. . . .	270,000	41,000		3,700,000	111,000	+ 1 : 14	+ 1 : 2,6
Schmiedeeisen Pos. 6b. . .	300,000	50,000		520,000	280,000	+ 1 : 1,7	+ 1 : 5,6
do. " 6c. und d.	16,000	6,000		154,000	28,500	+ 1 : 9,6	+ 1 : 4,7
Eisenwaaren " 6f. . .	65,000	156,000		275,000	442,000	+ 1 : 4,2	+ 1 : 2,8
Feine Holzwaaren . . .	2,000	37,000		5,000	84,000	+ 1 : 2,5	+ 1 : 2,3
Musikalische Instrumente . .	1,200	6,400		1,800	14,000	+ 1 : 1,5	+ 1 : 2,3
Kurze Waaren Pos. 20. .	1,000	20,000		2,500	120,000	+ 1 : 2,5	+ 1 : 6

Leder, lohgares	3,500	15,500		4,500	41,000	+ 1:1,3 + 1:2,6
„ feines und ladirtes .	900	1,300		1,600	15,000	+ 1:1,8 + 1:11
Lederwaaren, grobe . .	1,000	3,000		2,500	12,500	+ 1:2,5 + 1:4,2
„ feine . . .	400	1,000		2,500	8,000	+ 1:6 + 1:8
Lederne Handschuhe . .	398	60		200	240	− 1:0,5 + 1:2,2
Lumpen	7,000	19,000	1860	26,000	5,400	+ 1:5 − 1:0,3
Leinengarn und Zwirn . .	51,000	35,000		114,000	17,000	+ 1:2,2 + 1:0,5
Leinenwaaren aller Art .	40,000	161,000	1861	73,000*)	146,000	+ 1:1,5 + 1:0,9
Papier	10,000	14,000	1861	15,000	76,000	+ 1:1,5 + 1:5,5
Porzellan und Fayence .	4,800	23,000		2,800	64,000	− 1:0,6 + 1:3
Seidene und halbseidene Waaren	4,000	8,800		8,500	26,000	+ 1:2,2 + 1:3
Tabacksfabrikate . .	24,000	45,000		18,000	74,000	− 1:0,6 + 1:1,6
Wollengarne . . .	40,500	11,500		146,000	20,000	+ 1:3,7 + 1:2
Wollenwaaren 41c1 . .	4,000	1,400		3,000	90,000	− 1:0,7 + 1:60
do. 41c2 . .	32,000	69,000		23,000	118,000	− 1:0,7 + 1:1,8
Steinkohlen . . .	2½ Mill.	7 Mill.		15 Mill.	32 Mill.	Bevölkerungs-zunahme 1:1,3.

*) Davon 44,000 grobes Packleinen.

Mit alleiniger Ausnahme der Leinenindustrie, welche eine Abnahme der Ausfuhr neben Zunahme der Einfuhr aufweist, sind in allen wichtigen Industriezweigen die Fortschritte unverkennbar, am deutlichsten aber ist dies bei den Ganzfabrikaten. Bei allen ist eine erhebliche Zunahme der Ausfuhr ersichtlich, neben welcher, mit wenig Ausnahmen, eine weit geringere Zunahme der Einfuhr — bei baumwollenen und wollenen Waaren sogar eine absolute Abnahme — steht. Sie haben also alle nicht nur den erheblich gestiegenen innern Konsum vollständiger als früher gedeckt, sondern in den letzten fünf Jahren noch Ueberschüsse für die Ausfuhr produzirt, welche man für baumwollene Waaren mindestens auf 12 Millionen, für seidene und halbseidene Waaren auf 20 Millionen, für wollene und halbwollene Waaren auf 38 Millionen jährlich anschlagen kann, wozu noch die mehr oder minder erhebliche, wenn auch nicht in solcher Weise in die Augen fallende Mehrausfuhr an Eisenwaaren, feinen Holzwaaren, kurzen Waaren, Leder und Lederwaaren, Leinenwaaren, Papier, Fayence und Porzellan, Tabacksfabrikaten u. s. w. kommt. Die Steigerungen sind zum Theil sehr bedeutend und grate bei einigen der zuletzt aufgeführten Artikel darum von hohem Interesse, weil sie zeigen, daß, während zu Anfang des Zollvereins wesentlich nur die Webwaarenindustrie dergleichen Ueberschüsse für die Ausfuhr produzirte, die Mannigfaltigkeit der zur Konkurrenzfähigkeit mit dem Auslande herangewachsenen Industriezweige sehr zugenommen hat. Nehmen wir hinzu, daß der Zollverein an Getreide und Vieh immer noch im Durchschnitt etwas mehr produzirt, als er selbst braucht, daß seine Steinkohlenproduktion und seine Salzproduktion ganz erheblich sich vermehrt haben, so ist das Bild, das uns die Entwicklung des Zollvereins bietet, ein erfreuliches. Freilich erreichen diese Zahlen nicht die englischen, aber sie zeigen doch, daß die Zollvereinsindustrie über das „schutzbedürftige Kindesalter" hinaus gediehen und mit Erfolg in den allgemeinen Kampf eingetreten ist. Die speziellen Artikel, in denen dies der Fall sei, läßt unsere Tabelle nicht erkennen, ebenso wenig diejenigen, in denen noch Einfuhr von Ganzfabrikaten Statt findet. Im Allgemeinen weiß man aber, daß diese letztern sich vorzugsweise auf ganz billige, nur im größten Maßstabe mit mechanischen Mitteln herzustellende Sachen einerseits, unb auf ganz feine Artikel, an benen Geschmack und künstlerische Ausstattung mehr als die reine Arbeit und das Material Theil hat, andererseits erstreckte. Der mittlere Kreis ist es, welchem die Hauptmasse der deutschen Ausfuhr angehört. Die entschiedene Verminderung oder doch hinter der Konsumtionsfähigkeit zurück= bleibende Steigerung der Einfuhr in vielen Industrieerzeugnissen zeigt deutlich, welches Terrain gewonnen worden, und daß der dermalige Zollvereinstarif für eine immer größere Zahl von Ar= tikeln zu einem prohibitiven umgeschlagen ist.

Die preußische Zollgesetzgebung von 1818 wurde nicht nur durch schutzzöllnerische Tariferhöhungen allmälig aufgegeben, son= dern auch in anderer Beziehung wich man von derselben ab. Hin= sichtlich der Verbrauchssteuern ging man in Preußen von den Grundsätzen aus *):

1) Beschränkung der zu besteuernden Artikel auf eine kleine Anzahl und auf solche Gegenstände, welche einen geringen Aufwand in der Erhebung und wenig Kontrole gegen die Steuerpflichtigen erfordern;

2) Abstufung der Abgaben von ausländischen Waaren nach deren Gattung (Roherzeugnisse, Fabrikate und Verzehrungs= gegenstände) und Werth; •

3) Aufstellung eines bestimmten Handels= und Gewerbe= systems und Beseitigung . der Bevorzugung partikularer Interessen;

4) Gleichförmigkeit in der Erhebung der innern Verbrauchs= abgaben und vollständige Verkehrsfreiheit innerhalb des Zollgebiets.

Die Zollvereinsgesetzgebung, statt diese Prinzipien mehr und mehr zu verwirklichen, hat sich im Laufe der Zeit immer weiter von denselben entfernt. Was zunächst die Anzahl der besteuerten Artikel anlangt, so wurde dieselbe durch fortgesetzte Spezialisirung des Zollvereinstarifs mit jeder Revision desselben beträchtlich ver= mehrt. Ueber 2000 besonders benannte Waarenartikel unterliegen der Zollentrichtung und müssen beim Eingang behufs der Klassifi-

---

*) Vergl. Bremer Handelsblatt 1857, Nr. 314.

tation ganz speziell beklarirt und der sorgfältigsten Revision unter=
worfen werden. Kollektivbezeichnungen können der vielen Aus=
nahmen wegen nur noch selten angewendet werden.

Von der gesammten Einnahme des Zollvereins an Eingangs=
abgaben ertrugen im Jahre 1855:

Roher Kaffee . . . . . . 23,35 pCt.
Rohzucker . . . . . . 17,31 „
Rohtabak . . . . . . 6,29 „
Baumwollengarn . . . . 6,07 „
Wein . . . . 5,74 „
Roheisen . . . . . . 3,90 „
Wollenwaaren . . . . . 3,40 „
Reis . . . . 2,32 „
Südfrüchte . . . . . . 2,21 „
Seidenwaaren . . . . . 1,98 „
Stabeisen . . . . . . 1,77 „
Oel in Fässern . . . . 1,73 „
Baumwollenwaaren . . . 1,67 „
Branntwein . . . . . . 1,65 „
Thee . . . . 1,45 „
Vieh . . . . 1,41 „
Heringe . . . . 1,28 „
Gewürze . . . . . . 1,26 „
Flachs und Hanf . . . 1,17 „

Zusammen 86,00 pCt.

Aus jener großen Anzahl besteuerter Gegenstände genügen
sonach die vorstehend bezeichneten 19 Artikel, um 86 pCt. sämmt=
licher Eingangsabgaben des Zollvereins aufzubringen. Fassen wir
die einzelnen Waarenkategorien ins Auge, so tragen hierzu bei:

Kolonialwaaren . . . . 47,76 pCt.
Geistige Getränke . . . 8,67 „
Tabak . . . . . . 8,85 „
Eisen . . . . 4,73 „
Garn . . . . 7,77 „
Gewebe . . . . 7,13 „

Zusammen 84,91 pCt.

Wenn man also nur die vorstehend aufgeführten 6 Waarengattungen zum Gegenstand eines speziellen Tarifs machen und
alle übrigen Handelsartikel nach ganz großen Kategorien (Brenn-,
Bau-, Werk- und Webestoffe; Farbe-, Gerbe-, chemische und andre
Hülfsstoffe; Fette; Holz-, Glas-, Stein-, Thon- und Metall-
waaren u. s. w.) klassifiziren und besteuern wollte, so würde man,
selbst bei der Anwendung ganz mäßiger Abgabensätze für die letzteren, leicht eine eben so hohe oder noch höhere Zolleinnahme als
die seitherige erzielen können.

Die Mehrzahl der Einschaltungen und detaillirten Ausfüh-
rungen des Tarifs ist durch Berücksichtigung spezieller Interessen
einzelner Industriezweige veranlaßt worden. Die wichtigeren Veränderungen, welche der Vereinszolltarif im Laufe der Zeit erfahren hat, betreffen zum größten Theile Eingangszollerhöhungen,
und zwar hauptsächlich bei folgenden Waaren. In den Perioden

1828—1831 bei Baumwollen- und Wollen-Garn und grüner
Seife;

1832—1833 bei weißer Seife, Eisenblech und Draht, Weißblech, Leinengarn, Zinkwaaren, kurzen Waaren, Leinwand,
Wollen- und Seidenwaaren, feinen Lederwaaren, Rauch-
waaren, Tapeten und Porzellan;

1834—1836 bei Papier, Tapeten, Steingut und Porzellan;

1837—1839 bei Weißblech, Eisendraht und Gespinnsten;

1840—1850 bei Cigarren, Eisen, feinen kurzen Waaren, Hand-
schuhen, feinen Wollenwaaren, Tapeten und Zinkwaaren;

1851—1857 bei Fourniren, Lichten, Handschuhleder, Wachs-
tafft, Gummistoffen und metallenen Schreibfedern.

Die erheblichste Steigerung der Eingangsabgabensätze erfuhren
von 1818 bis 1857 folgende Gegenstände:

	1818	1857
Roheisen	frei	10 Sgr.
Schmiedeeisen und Stahl	1 Thlr.	$\begin{cases} 1\frac{1}{2} \text{ Thlr.} \\ 2\frac{1}{4} \text{ „} \end{cases}$
Eisendraht	2¼ „	4 „
Leinen Maschinengarn	frei	2 „
„ gefärbtes	1 „	3 „
„ Zwirn	1 „	4 „

Wollengarn, gezwirntes . .	7⅓ Thlr.	8	Thlr.
Seide, gezwirnte	10 „	11	„
Baumwollenwaaren, grobe .	47½ „	50	„
Leinwand, ungebleichte . .	2 „	4	„
„ gebleichte . . .	12½ „	20	„
Wollenwaaren	{ 26⅔ „	30	„
	47½ „	50	„
Tapeten	2⅓ „	20	„
Kurze Waaren	79½ „	{ 50	„
		100	„

Es sind vorzugsweise die mit der Herstellung von Eisen, Gespinnsten, Zeug= und Kurzwaaren beschäftigten Industriezweige, welche sich in einer gewissen Abhängigkeit vom Grenzzolltarif befinden, wozu außerdem noch einige spezielle Branchen, welche sich mit der Fabrikation von Chemikalien (Soda) und Verzehrungsgegenständen (Rübenzucker und Tabak) beschäftigen, hinzuzurechnen sind. Für die große Anzahl der Gewerke, welche sich mit der Anfertigung von Waaren aus Holz, Glas, unedlen Metallen, Leder, Papier u. s. w. beschäftigen, für den Maschinenbau, die Seifen= und Lichtfabrikation und viele andere Schoßkinder der Schutzzollpolitik im Zollverein ist längst der Grundsatz der älteren preußischen Zollgesetzgebung, daß ein Eingangszoll von höchstens 10 pCt. des durchschnittlichen Werths von ausländischen Fabrikaten genüge, um die eigene Industrie vor einer nachtheiligen Konkurrenz des Auslandes sicher zu stellen, zur Anwendung gebracht. Es erhellt aus dem Angeführten, daß die Anzahl der Gegenstände, deren spezielle Berücksichtigung im Vereinszolltarif durch die Interessen der vereinsländischen Industrie gefordert sein dürfte, eine verhältnißmäßig sehr geringe ist, und daß es sich hierbei fast ausschließlich um solche Waaren handelt, deren Wichtigkeit für die Finanzen des Zollvereins oben nachgewiesen ist. Eine erhebliche Vereinfachung des Zolltarifs, wie sie die Bedürfnisse des Verkehrs bringend fordern, kann daher ohne wesentliche Benachtheiligung vorhandener Interessen sehr wohl eintreten.

Bei Entwerfung eines Eingangszolltarifs gilt es als erste Regel, gewisse Waarengruppen (Rohmaterialien, Hülfsstoffe, Fabrikate, Verzehrungsgegenstände u. s. w.) zu unterscheiden und die

nach Procenten des durchschnittlichen Werthes der Waaren zu be=
rechnenden Zollsätze nach Maßgabe dieser Kategorien abzustufen.
Für die ältere preußische Zollgesetzgebung bildeten dem gemäß bei
Konsumtibilien 30 pCt., bei Manufakturen 10 pCt., bei fremden
Roh= und Hülfsstoffen 3 pCt. des durchschnittlichen Werthes und
darunter, und bei rohen Erzeugnissen der Garten= und Feldwirth=
schaft u. s. w. die Zollfreiheit die Regel für die Normirung der
Eingangsabgaben.

Eine strenge Durchführung dieses Prinzips ist selbstverständ=
lich da, wo es sich um den unmittelbaren Anschluß an bestehende
Verhältnisse handelt, kaum möglich. Es ist aber alsdann Aufgabe
der Gesetzgebung, dasselbe nie aus dem Auge zu verlieren, und
wo es ohne thatsächliche Beeinträchtigung berechtigter Interessen
geschehen kann, zum Vortheil der Gesammtheit allmälig zur Gel=
tung zu bringen. Bei Manufakturen und solchen Gegenständen,
für welche die Ermittlung von Durchschnittswerthen mit Schwie=
rigkeiten verknüpft ist, wird dies nur innerhalb eines weiteren
Spielraums möglich sein, für eine große Anzahl von Waaren
bieten jedoch die erscheinenden Preiskourante und die Statistik der
größeren Handelsplätze hinreichende Anhaltspunkte, um geeignete
officielle Durchschnittswerthe festzustellen und die Zollsätze den=
selben anzupassen. In den Sätzen des Zollvereinstarifs machte
sich auch in dieser Beziehung große Prinziplosigkeit fühlbar.

Es betrug beispielsweise für*):

Verzehrungsgegenstände.	Werthsatz nach Hübner.	Werthsatz nach der Hamburg. Börse.	Zollsatz.	pCt.
Roher Kaffee . . . Ctr.	15½	15½	5	32,2
Pfeffer . . . . . „	15	14½	6½	44,8
Ingber . . . . . „	—	7½	6½	90,7
Zimmt und Kassia . „	20	49 1/12	6½	13,3

*) Den hier folgenden Werthangaben liegen Hübners statistisches Jahrbuch
und die Durchschnittspreise der Hamburger Börse in den Jahren 1853 bis
1855 zu Grunde.

Verzehrungsgegenstände.	Werthsatz nach Hübner.	Werthsatz nach der Hamburg. Börse.	Zollsatz.	pCt.
Gewürznelken . . . Ctr.	—	20½	6½	31,7
Rosinen . . . . . „	10	8⅚	4	45,3
Mandeln . . . . . „	—	22	4	18,2
Reis . . . . „	5½	5⅙	1	19,3
Thee . . . . . . „	50	47 1/12	8	16,6
Rohzucker f. Siedereien „	8	—	5	62,5
Hutzucker . . . . . „	11	9 11/12	10	100,0
Rohtaback . . . . . „	22	—	4	18,2
Tabacksstengel . . . „	—	3½	4	114,3
Rauchtaback, geschnitten ꝛc. . . . „	35	—	11	31,4
Cigarren . . . . . „	120	—	20	16,6
Sago . . . . . . „	—	8⅓	2	24,0
Fleisch . . . . . . „	13	—	2	15,4
Butter . . . . . . „	27	—	3⅓	12,3
Heringe . . . . Tonn.	10	11 2/10	1	8,0
Branntwein . . . Ctr.	11	—	8	72,7
Wein . . . . „	15	—	6 / 8	46,6
Bier . . . . „	2	—	2½	125,0
Rohprodukte u. Hülfsstoffe.				
Weizen . . . . . Schfl.	4⅕	—	1/15	1,6
Anis und Kümmel . Ctr.	12	—	1	8,3
Getrocknetes Obst . „	7	—	½	7,1
Steinkohlen . . . . „	⅓	⅓	1/24	12,5
Flachs . . . . . . „	14	12⅔	⅙	1,3
Hanf . . . . . . „	—	14 1/24	⅙	1,2
Felle zu Pelzwerk . „	52	—	⅔	1,2
Krapp . . . . . . „	20	—	1/12	0,4
Soda, krystall. . . . „	3	1 14/15	1	51,7
Bleiweiß . . . . . „	—	8¾	2	22,8

Verzehrungsgegenstände.	Werthsaß nach Hübner.	Werthsaß nach der Hamburg. Börse.	Zollsaß.	pCt.
Schwefelsäure . . Ctr.	3	—	1½	44,4
Talg . . . . . „	18	—	2	11,1
Oel in Fässern . . „	22	—	1½	6,1
Thran . . . . . „	14	—	½	3,5
Roheisen . . . . „	1⅜	—	¼	18,5
Eisenbahnschienen . „	—	3⅛	1½	48,0
Stabeisen . . . . „	4¼	—	2½	⎰ 35,3 ⎱ 58,8
Baumwollengarn, 1= und 2dr. . . „	28	—	3	10,7
Leinengarn, rohes Maschinengarn . „	57	—	2	3,5
Wollengarn, 1= und 2fäd. . . . . „	70	—	½	0,7
Rohe Seide . . . „	550	—	½	0,1
Lohgares Leder . . „	34	—	6	17,7

Die Zollbegünstigungen, welche in dem Zollverein gewährt werden, zerfallen in folgende allgemeine Kategorien:

1) Erleichterungen bei der Abgabe der Zolldeklarationen, wie z. B. die Zulassung der Deklaration „Kurze Waaren, Manufakturwaaren, Ueberzugseffekten" oder genereller Deklarationen unter Uebernahme der Verpflichtung zur Entrichtung des relativ höchsten Zollbetrags;

2) Erleichterung in Bezug auf die Zollabfertigung für bestimmte Verkehrsarten (Post=, Schifffahrts= und Eisenbahnverkehr) oder Waarengattungen (Glaswaaren, Kunstsachen u. dgl.);

3) Zollbefreiung inländischer, nach dem Auslande versendeter und von dort wieder eingeführter Gegenstände, sodann ausländischer, mit dem Vorbehalt der Wiederausfuhr eingebrachter Waaren; Zollbegünstigungen für den Meß= und

Marktverkehr, den Veredelungsverkehr, den Kommissions-
verkauf im Auslande u. s. w.;

4) Zollerleichterungen für bestimmte Grenzstrecken, z. B. für
Roggenbrot und Mehl an der sächsisch-böhmischen Grenze,
für Steinkohlen an der badischen Grenze oberhalb Kehl 2c.;

5) Zollermäßigungen für gewisse Gewerbe, wie z. B. des
Rohzuckers für Zuckerraffinerien, des Weines für Wein-
großhandlungen, der halbgaren Schaf- und Ziegenfelle für
Lederfabrikanten, der Bisamrattenfelle für Hasenhaar-
schneidereien, der Mennige für Weißglasfabrikanten, des
Rohstahls für Stahlfabriken, des Kratzenleders für Kratzen-
fabriken u. s. w.;

6) Zollrückvergütungen bei der Ausfuhr von raffinirtem
Zucker, aus verzolltem Taback gefertigten Tabacksfabrikaten u. s. w.;

7) Zollnachlässe aus Billigkeitsrücksichten für unbrauchbar
gewordene Gegenstände, für aus dem Auslande zurück-
kommende Waaren vereinsländischer Herkunft u. s. w.

Es giebt Zölle, welche den inländischen Gewerbsleuten die
Konkurrenz mit den auswärtigen auf fremden Märkten erschweren
und daher den Absatz im Auslande zu vermindern drohen. Dies
gilt vornehmlich von den Zöllen auf Rohstoffe, die im Lande verarbeitet werden. Wo man die Beibehaltung solcher Zölle recht-
fertigen zu können glaubt, wird die entrichtete Abgabe bei der
Ausfuhr des Gewerbserzeugnisses wieder vergütet. Diese Vergütung nennt man Rückzoll (drawback). Da, wie die meisten
landwirthschaftlichen Erzeugnisse, auch Branntwein geeignet ist, ein
wichtiger Ausfuhrartikel zu sein und namentlich in Preußen ein
großer Theil der Bodenkultur davon abhängt, daß die Ernten in
Gestalt von Branntwein verwerthet werden, so macht sich der
Uebelstand immer mehr fühlbar, daß die Steuerrückvergütung nicht
dem Steuersatz gleichkommt. Es ist daher angeregt worden, durch
ähnliche Einrichtungen, wie sie für andere Fabrikationszweige bereits bei uns bestehen, und wie sie in England mit großem Erfolge für die Brennerei eingerichtet sind, die steuerfreie Fabrikation
innerhalb abgeschlossener und überwachter Räume zu ermöglichen.
Diese Maßregel würde allerdings nur bei großen Brennereien und

Destillationen anwendbar sein, da kleinere Etablissements die Ueberwachungskosten nicht zu tragen vermögen, sie würde aber die Konkurrenzfähigkeit des Zollvereins im Auslande wesentlich erhöhen, theils wegen der Ersparniß des gegenwärtigen Unterschiedes zwischen Steuer und Bonifikation, theils wegen der wirthschaftlicheren Methode der Produktion, welche zur Anwendung käme, wenn nicht, wie jetzt, die Steuererhebung mit Vorschriften über die Fabrikation verbunden sein würde, welche den Brenner nöthigen, das Material zu verwüsten und unvollkommen auszunützen.

Der zollvereinsländische Weinhandel genießt bei direkten Bezügen von mindestens 20 Orhoften aus Frankreich die Begünstigung eines 20procentigen Zollrabatts, wenn der Importeur einen Lagerbestand von mindestens 50 Orhoften nachzuweisen vermag. Diese Begünstigung würde dem Konsumenten nur dann verhältnißmäßige Vortheile in Aussicht stellen, wenn gleichzeitig für französische Weine dem französischen Markt ein Konkurrenzmarkt im Auslande an die Seite gestellt, also beispielsweise den Importeuren französischer Weine aus den Hansestädten dieselbe Begünstigung gewährt werden würde. Da dies nicht geschieht, leidet nicht etwa nur der hanseatische Weinhandel, sondern der Konsument französischer Weine hat unter den so rasch wechselnden Konjunkturen des Marktes in den Produktionsgegenden zu leiden, unter Einflüssen, denen der hanseatische Spekulationshandel, obwohl wegen ausgedehnter und alter Lager vorzugsweise dazu befähigt, nicht ausgleichend entgegen treten kann.

In einigen größeren Städten des Zollvereins giebt es sogenannte Weintransit-Lager, in welchen der Spekulant seine Weine, ohne sie gleich zu versteuern, unter Aufsicht des Steueramts lagern und verpflegen kann, aber wenn er auf die 20 pCt. Rabatt Anspruch macht, so muß er die Leckage versteuern. Will er seine Weine selbst beaufsichtigen, so muß er sie sogleich versteuern, jedenfalls für das dazu nöthige Kapital als Depositum sorgen. Die verschiedenen Zollvereinsregierungen befolgen dabei verschiedene Grundsätze. Die sächsische Regierung begnügt sich bei Verpfändung des ganzen unter Beaufsichtigung auf einer gewissen Höhe zu erhaltenden Lagers mit 25 pCt. Depositum in Staatspapieren oder Hypotheken. Die preußische Regierung läßt sich ebenfalls das Lager verpfänden, bewilligt aber den neunmonatlichen Krebit gegen Deponirung eines Solawechsels, auf den Weinhändler von einem solben Hause gezogen. Die hannöverische Regierung entschlägt sich jeder Verantwortlichkeit durch Ueberlassung der Garantiebestimmung an die Hauptzollämter. Diese nehmen nun das ganze, ebenfalls beaufsichtigte Lager in Versatz, und außerdem den ganzen Steuerbetrag in hannöverischen Staatspapieren oder in Grundstücken nicht zum tarirten, sondern ihnen genügenden Werthe. Nach 9 Monaten muß die Steuer gleichwohl bezahlt werden, während das Depositum für ferneren Steuerkredit unter Beschlag bleibt.

Weil die Zölle, wie alle indirekten Steuern, auf die Konsumenten übergewälzt, aber von einer gewissen Klasse von Leuten, in der Regel den Kaufleuten, zuerst getragen werden müssen, so müssen sie von letzteren auch vorgeschossen werden. Es wird daher im Zollverein, oder wenigstens in Preußen und in mehreren Staaten des Zollvereins, den größeren Kaufleuten ein Kredit bewilligt, der sie oft in Stand setzt, sehr günstige Spekulationen auszuführen und mit dem geringer besteuerten Auslande gegenüber andern benachbarten Ländern in Konkurrenz zu treten, so daß dadurch die Nachtheile des hohen Schutzzolles wieder gemildert werden. So sollen preußische Kaufleute durch die Zollkredite früher im Stande gewesen sein, mit Hamburgern nach Oesterreich in Kaffee z. B. siegreich zu konkurriren.

Ein großer Theil der hier aufgezählten Begünstigungen Einzelner und der Ausnahmebestimmungen könnte durch eine systematische Vereinfachung des Vereinszolltarifs beseitigt werden. Durch eine allgemein verständliche, übersichtliche Gliederung des Tarifs würde die Abgabe der Zolldeklarationen erleichtert werden, eine angemessene Beschränkung der zollpflichtigen Artikel würde eine wesentliche Vereinfachung des Zollabfertigungsverfahrens, eine rationelle Regulirung der Zollsätze die Aufhebung der mannigfaltigen, in der Regel eine Unbilligkeit gegen die Gesammtheit der Konsumenten in sich schließenden Begünstigungen für einzelne Klassen von Zollpflichtigen gestatten, eine freisinnige Zollgesetzgebung würde endlich die zur Zeit unter keine Regel zu bringenden Fälle erle-

bigen, in benen ein Zollerlaß „aus Billigkeitsgründen" im Widerspruch mit ben allgemeinen Borschriften geboten erscheint.

So lange man in bem Zollverein bei einem gemischten Schutz-
unb Finanzzollsystem beharren wird, bas in sich bie größten
Widersprüche enthält, müssen ausnahmsweise Zollbegünstigungen
einiger ber oben bezeichneten Kategorien noch als eine Wohlthat
für ben Verkehr angesehen werben. Selbst eine theilweise Erweiterung bieser Begünstigungen, wie z. B. bezüglich bes sogenannten Veredelungsverkehrs mit bem Auslande, welcher bis jetzt
fast ausschließlich einzelnen begünstigten Gewerben zu gut kommt,
empfiehlt sich im Interesse einer freieren Verkehrsgestaltung.
Auch bie Zollbegünstigungen für einzelne Grenzstrecken (Differenzialzölle), welche häufig aus Handelsverträgen mit fremden Staaten hervorgegangen sinb, möchten nicht immer zu beseitigen sein.
Dagegen widerstreitet es ben Grundsätzen eines rationellen Zollsystems unb begründet eine große Unbilligkeit, einzelne Industriezweige auf Kosten ber Gesammtheit ber Zollpflichtigen zu begün-
stigen. Sinb bie allgemeinen Zollsätze für Rohzucker, Tabak,
Wein u. s. w. so hoch, baß bie Zuckerraffinerien, bie Tabacksfabri-
kanten u. s. w. bei beren voller Anwendung nicht bestehen können,
so beutet bas zunächst auf bie Nothwendigkeit einer Herabsetzung
ber von jenen Gegenständen zu entrichtenden Eingangsgefälle, be-
vor man für bieselben Artikel, je nach bem Geschäfte bes Be-
ziehers, verschiedene Zollsätze stipulirt. Auch bie Ausfuhrvergütung, welche ben größern ständige Lager unterhaltenben Tabacks-
fabrikanten bei ber Ausfuhr von Fabrikaten aus verzolltem Tabak
gewährt wirb, bildet, wie bie Ausfuhrvergütung für raffinirten
Zucker, eine Anomalie in ber Zollvereinsgesetzgebung.

Der Anschluß Hannovers und Oldenburgs.

Wir kommen jetzt, nachdem wir der Abirrung des Zollvereins auf die Bahn des Schutzzolls gefolgt sind, auf die Geschichte seiner äußern Ausbreitung zurück. Der Verein bewährt sich als die einzige gemeinsame Institution, die den Stürmen der deutschen Revolution und Reaktion trotzt. Er zeigt seine glücklichen Wirkungen in dem Aufblühen der deutschen Industrie. In der Revolutionszeit wird der Verein ignorirt, die Reaktion sucht ihn zu zerstören. Aber er erweist sich als die einzige Position, aus der Preußen durch die großdeutsche Politik nicht getrieben werden kann, und vergrößert sich durch den Beitritt Hannovers und Oldenburgs, welcher gemäß dem Vertrag vom 4. April 1853 am 1. Januar 1854 erfolgt.

Nachdem*) die im Jahre 1842 zwischen Preußen und Hannover eingeleiteten Verhandlungen wegen Anschlusses des Königreichs Hannover an den Zollverein einerseits an der im Steuervereine damals noch vorherrschenden Abneigung gegen einen solchen Anschluß und andererseits daran gescheitert waren, daß die preußische Regierung ein Eingehen auf mehrere der von Hannover als Bedingungen seines Beitritts bezeichneten Punkte für unthunlich erklärt hatte, war kaum zu erwarten, daß 8 bis 9 Jahre später über denselben Gegenstand zwischen den gedachten beiden Regierungen binnen kürzester Frist ein vollständiges Einverständniß erzielt werden würde. Und doch hat das Zustandekommen des Vertrages vom 7. September 1851, des sogenannten Septembervertrages, nur wenige Wochen in Anspruch genommen.

Dieses auf den ersten Blick auffallend erscheinende Faktum erklärt sich theils aus Gründen allgemeiner Art — wie aus dem in den letzten Jahren in Deutschland immer lebhafter hervorgetretenen Verlangen nach größerer Einigung, namentlich auch in

---

*) Vergl. Houth-Weber, der Zollverein, S. XI ff.

kommerzieller Beziehung, aus der in Folge der Eisenbahnbauten
damals bereits eingetretenen und ferner zu erwartenden rascheren
und vielseitigeren Entwicklung des Verkehrs, und aus der Erkennt-
niß, daß solchen drängenden Momenten gegenüber sich eine künstliche Trennung durch Zollschranken zwischen zwei übrigens auf
einander angewiesenen und sich in allen sonstigen Verhältnissen so
nahe stehenden Ländergruppen schwerlich noch lange werde halten
lassen —, theils aus den besondern Gründen, welche beide ver-
tragenden Theile eine Vereinigung grade damals vorzugsweise
wünschenswerth erscheinen ließen.

Während nämlich auf der einen Seite Preußen sowohl behufs Wiederbefestigung seines in der letzten Zeit mehrfach gefähr-
deten Einflusses und Ansehens, als auch behufs Gewinnung von
Gesinnungsgenossen in den wichtigeren Zoll- und Handelsfragen,
gegenüber den sich immer mehr dem Schutzzollsysteme hinneigen-
den süddeutschen Vereinsgliedern, einen ganz besondern Werth
darauf zu legen hatte, mit dem Beginn der neuen Vertragsperiode
(1854) dem Zollvereine die Staaten des Steuervereins als neue
Bundesgenossen zuführen zu können, und deswegen von vorn herein viel geneigter war, den früher zurückgewiesenen Forderungen
Hannovers ein williges Ohr zu leihen, hatte andererseits Hannover um so weniger Veranlassung, sich schwierig zu zeigen, als
dasselbe ohnehin in der Nothwendigkeit war, zur Deckung der
Staatsbedürfnisse seine Einnahmen zu steigern, und mit Rücksicht
auf die in Angriff genommenen großartigen Verkehrsanstalten
(Seehäfen und Eisenbahnen), so wie in Hinblick auf die vielfach
beengte Lage der Industrie sich immer mehr dahin gedrängt sah,
auf eine Erweiterung seines Marktes Bedacht zu nehmen. Dazu
kam die Erwägung, daß ein so günstiger Zeitpunkt, in welchem
der Beitritt noch von einer gebührenden Berücksichtigung der Son-
derinteressen des Landes abhängig gemacht werden konnte, vielleicht
nicht wiederkehren werde. Ebenso rasch wie der, vorzugsweise
zwischen dem preuß. Geh. Regierungsrath Delbrück und dem
hannöv. Generaldirektor Klenze vorbereitete Entwurf kam demnach der formelle Abschluß des Vertrages zu Stande, und gleich-
wie die allerhöchsten Ratifikationen auf keiner Seite Anstand fanden, ebenso wenig zögerten die beiderseitigen Landesvertretungen,

4

in vollster Anerkennung des Geschehenen, ihre verfassungsmäßige Zustimmung dazu zu ertheilen.

Der nächste Schritt nach dem Abschluß des Septembervertrages ging dahin, die übrigen Mitglieder des Steuervereins zum Beitritt zu bestimmen; und wie wenig Schwierigkeiten dies bei Schaumburg-Lippe hatte, beweist der Umstand, daß der desfallsige Vertrag bereits am 25. September 1851 vollzogen ward. Auch Oldenburg war an und für sich dem Anschlusse keineswegs abgeneigt; und wenn gleichwohl der seinen Beitritt feststellende Vertrag erst mehrere Monate später (am 1. März 1852) zu Stande kam, so hatte dies vorzugsweise nur darin seinen Grund, daß man sich über einzelne Punkte (insbesondere über das künftige Stimmrecht Oldenburgs und über die Stellung des Hafenorts Brake) nicht gleich verständigen konnte.

Weit größere Schwierigkeiten ließen die nun gleichfalls erforderlichen Verhandlungen mit den übrigen Zollvereinsstaaten erwarten. Denn durfte man schon an und für sich hinsichtlich einiger von ihnen gerechte Zweifel hegen, ob sie bei ihrer keineswegs freundschaftlichen Stimmung gegen Preußen überhaupt geneigt sein würden, das bisherige Vertragsverhältniß unter den durch den Septembervertrag gebotenen Modifikationen zu erneuern, so kam noch hinzu, daß mehrere jener Regierungen sich durch den ohne ihr Vorwissen bewirkten Abschluß dieses Vertrages, so wie durch die bald darauf von Seiten Preußens erfolgte Kündigung der Vereinsverträge schwer verletzt fühlten. Wenn man blos die äußeren Thatsachen ins Auge faßt, mag dem von Preußen beim Abschluß des Septembervertrages seinen ältern Vereinsgenossen gegenüber beobachteten Verfahren der Vorwurf der Rücksichtslosigkeit gemacht werden können. Aber vom praktischen Standpunkte aus muß es gerechtfertigt erscheinen, indem das erstrebte Ziel, die Vereinigung des Steuervereins mit dem Zollverein, auf andere Art nicht erreicht worden wäre. Ebenso blieb, nachdem der Septembervertrag einmal abgeschlossen war, für Preußen nichts anderes übrig, als eine Kündigung der Vereinsträge formell eintreten zu lassen, weil Preußen sonst in die schwierige Lage gerathen sein würde, nach zwei verschiedenen Seiten hin durch nicht mit einander zu vereinbarende Verpflichtungen gebunden zu sein.

Die Schwierigkeiten mehrten sich, da gleichzeitig die österreichische Regierung ihren schon 1849 kund gegebenen Plan in
Betreff eines mit dem Zollvereine abzuschließenden Zoll= und
Handelsvertrages und einer durch diesen schon für die nächsten
Jahre anzubahnenden Zolleinigung mit größter Lebhaftigkeit wieder aufnahm. Denn alsbald, nachdem die preußische Regierung
die vorläufige Einladung zu einer Konferenz über die Erneuerung
der Vereinsverträge hatte ergehen lassen (mittelst Cirkulardepesche
vom 11. November 1851), wurden von Oesterreich unterm 25.
November 1851 sämmtliche deutsche Bundesregierungen zu einer
am 2. Januar 1852 in Wien zu eröffnenden Zusammenkunft eingeladen, um noch vor der Eröffnung der Berliner Zollkonferenzen
Kenntniß von denjenigen Entwürfen zu nehmen, welche das österreichische Handelsministerium in Betreff eines sofort abzuschließenden Zoll= und Handelsvertrages und einer auf den Grundlagen
des Schutzzollsystems anzubahnenden Zolleinigung ausgearbeitet
habe.

Die Schwierigkeiten einer Erneuerung der Verträge mit den
bisherigen Vereinsgenossen stellten sich noch größer heraus, als
man gedacht haben mochte. Obwohl die Wiener Berathungen ein
endgültiges Resultat schon aus dem Grunde nicht herbeiführen
konnten, weil Preußen und die thüringschen Staaten sich davon
fern gehalten, so hatten sie doch eine Uebereinkunft zwischen den
Regierungen von Bayern, Sachsen, Würtemberg, Baden, Kurhessen,
Großherzogthum Hessen, Nassau zur Folge (die sogenannte Darmstädter Uebereinkunft vom 6. April 1852), wodurch die Kontra-
henten sich verpflichteten, so lange keinen Vertrag über die Erneuerung des Zollvereins einzugehen, als erst eine Verhandlung
der gesammten Zollvereinsstaaten mit Oesterreich auf Grund der
von diesem bearbeiteten Vertragsentwürfe stattgefunden und zu
dem gewünschten Ziele geführt hätte. Außerdem verlangten verschiedene jener Vereinsstaaten noch wenigstens einige Modifikationen der den Steuervereinsstaaten im Septembervertrage gemachten Konzessionen.

Während also die Darmstädter Koalirten auf den am 19.
April 1852 zu Berlin eröffneten Zollkonferenzen demgemäß ihre
Anträge stellten, erklärte andererseits Preußen, auf eine bindende

Verpflichtung wegen einer schon nach wenigen Jahren mit Oesterreich einzugehenden Zolleinigung sich mit Rücksicht auf die noch
vorhandenen Unterschiede der volkswirthschaftlichen Interessen und
Zustände im Zollverein und in Oesterreich für jetzt überall nicht,
auf Verhandlungen wegen Abschlusses eines Handels- und Zollvertrages mit Oesterreich aber erst dann einlassen zu können, wenn
der Zollverein rekonstituirt und es gewiß sei, in welchem Umfange
derselbe nach dem 1. Januar 1854 noch fortdauern werde.

Nach manchen Zwischenfällen, die bald eine Annäherung erwarten, bald einen gänzlichen Zerfall befürchten ließen, und trotz
eines zeitweiligen völligen Abbruchs der Verhandlungen, wurde
schließlich zu Anfang des Jahres 1853 durch beiderseitiges Nach-
geben eine Verständigung erzielt. Auf der einen Seite standen
nämlich die Koalitionsregierungen davon ab, die Zuziehung eines
österreichischen Bevollmächtigten zu den Verhandlungen in Betreff
der Erneuerung des Zollvereins, so wie den Abschluß einer schon
jetzt mit Oesterreich zu treffenden Vereinbarung über die Bedingungen, unter denen eine Zolleinigung mit diesem Staate nach
Ablauf einer bestimmten Reihe von Jahren eintreten solle, zu
verlangen, und auf der andern Seite ließ Preußen sich bereit finden, noch vor dem formellen Abschluß der Erneuerung des Zollvertrages nicht allein einen umfassenden, die allgemeine deutsche
Zolleinigung anbahnenden Handelsvertrag mit Oesterreich einzugehen, sondern auch in diesem Vertrage sich zu verpflichten, im
Jahre 1860 mit Oesterreich über eine Zolleinigung, oder, falls
eine solche alsdann noch nicht zu Stande gebracht werden könnte,
über weitergehende als die am 1. Januar 1854 eintretenden und
etwa später noch nachträglich festgestellten Verkehrserleichterungen
urch beiderseitige Kommissarien verhandeln zu lassen.

Nachdem endlich auf solche Art die Schwierigkeiten wegen
Regelung des Verhältnisses zu Oesterreich glücklich beseitigt waren,
fand auch die Annahme der im Septembervertrage enthaltenen
Modifikationen der früheren Vereinsverträge keinen ernstlichen
Widerstand mehr. Dem am 19. Februar 1853 mit Oesterreich
abgeschlossenen Handels- und Zollvertrag folgte bereits am 4.
April 1853 der Abschluß des Vertrages über die Fortdauer und
Erweiterung des Zoll- und Handelsvereins, wodurch der Bestand

dieses sich nunmehr bis an die Nordsee erstreckenden Vereins auf
fernere 12 Jahre (bis Ende 1865) gesichert war. Außer der
durch den Anschluß einiger kleinen bremischen Gebietstheile (etwa
⅞ Quadratmeilen) mit dem 1. Januar 1857 bewirkten Erweiterung hat der Verein seit dem Jahre 1854 keine größere Ausdehnung erhalten. Denn wenn gleich bei den mit Bremen im Jahre
1853 eingeleiteten Verhandlungen das Bestreben der Zollvereinsregierungen darauf gerichtet war, behufs angemessener Abrundun-
gen des Zollgebietes den Beitritt noch mehrerer bremischen Ortschaften, insbesondere von Vegesack und seiner Umgebung zu er-
wirken, so scheiterte dasselbe doch an den Gegenforderungen Bre-
mens, die von dem Zollverein nicht zugestanden wurden. Hatten
nun aber auch die langwierigen, sich durch drei Jahre hinziehenden
Verhandlungen mit Bremen in dieser Beziehung nicht ganz den
gehofften Erfolg, so wurden dadurch doch andere recht erfreuliche
Resultate erzielt, von denen die am 26. Januar 1856 mit der
Stadt Bremen abgeschlossenen Verträge Zeugniß geben. Man
verständigte sich nämlich, von den Gebietsanschlüssen abgesehen,
nicht allein über eine Reihe von gegenseitigen Verkehrserleichterungen, so wie über die Errichtung eines zollvereinsländischen
Hauptzollamts und einer Niederlage für Zollvereinsgüter in der
Stadt Bremen, sondern es kam auch ein Vertrag wegen Sus-
pension der Weserzölle und ein anderer wegen Unterdrückung des
Schleichhandels zu Stande, der die Zollinteressen an der Unter-
weser sehr gefährdet hatte.

Die dem Vereine angehörigen Staaten werden unterschieden
unmittelbare und mittelbare Vereinsglieder. Man versteht
unter den ersteren diejenigen, welche selbständig dem Vereine beigetreten sind, in diesem in Gemäßheit der mit den übrigen Vereinsgliedern getroffenen Vereinbarungen selbst die Verwaltung
führen, unmittelbar mit den übrigen konferiren und Beschlüsse
fassen, und bei den Verhandlungen über Zoll- und Handelsverträge mit anderen Staaten unmittelbar oder mittelbar zu konkurriren haben. Diejenigen Staaten dagegen, welche, mögen sie
nun mit ihrem ganzen Gebiete oder mit einzelnen Theilen desselben dem Vereine beigetreten sein, sich einem der Vereinsmit-
glieder speziell und nur vermittelst desselben dem Gesammtvereine

angeschlossen haben und sich durch dieses Vereinsmitglied in allen, den Verein betreffenden Angelegenheiten vertreten lassen, werden mittelbare Glieder genannt.

In die erste Klasse gehören jetzt: Preußen, Bayern, Sachsen, Hannover, Würtemberg, Baden, Kurhessen, Großherzogthum Hessen, die Staaten des thüringschen Zoll- und Handelsvereins in ihrer Gesammtheit, Braunschweig, Oldenburg, Nassau, und die Stadt Frankfurt; letztere hat nach den Stipulationen des Anschlußvertrages vom 2. Januar 1836 nur ein beschränktes Stimmrecht, insofern als sie bei den Konferenzen regelmäßig durch den herzogl. nassauischen Bevollmächtigten mit vertreten wird.

Die mittelbaren Glieder sind:

Mecklenburg-Schwerin, vermöge seines Vertrages mit Preußen vom 2. Dezember 1826 in Beziehung auf seine von Preußen umschlossenen Gebietstheile Rossow, Netzeband und Schönberg;

Sachsen-Koburg-Gotha, vermöge seines Vertrages mit Bayern und Würtemberg vom 14. Juni 1831 in Beziehung auf das Amt Königsberg;

Schwarzburg-Rudolstadt, vermöge seines Vertrages mit Preußen vom 25. Mai 1833 in Beziehung auf seine von Preußen umschlossenen Landestheile;

Sachsen-Weimar-Eisenach, vermöge seines Vertrages mit Preußen vom 30. Mai 1833 in Beziehung auf die Aemter Allstedt und Oldisleben;

Schwarzburg-Sondershausen, vermöge seines Vertrages mit Preußen vom 8. Juni 1833 in Beziehung auf die in dem preußischen Gebiete eingeschlossenen Theile des Fürstenthums;

Sachsen-Koburg-Gotha, vermöge seines Vertrages mit Preußen vom 26. Juni 1833 in Beziehung auf das Amt Volkenrode;

Hessen-Homburg, vermöge seines Vertrages mit dem Großherzogthum Hessen vom 20. Februar 1835 in Beziehung auf das Amt Homburg;

Oldenburg, vermöge seines Vertrages mit Preußen vom

31. Dezember 1836 in Beziehung auf das Fürstenthum Birkenfeld;

Waldeck und Pyrmont, vermöge des Vertrages mit Preußen vom 9. Dezember 1838 in Beziehung auf das Fürstenthum Waldeck, und vermöge des Vertrages mit Preußen und den übrigen Mitgliedern des Zollvereins vom 11. Dezember 1841 (erneuert am 3. September 1853) in Beziehung auf das Fürstenthum Pyrmont;

Anhalt-Köthen und Anhalt-Dessau, vermöge ihres Vertrages mit Preußen vom 26. April 1839, betreffend die Zoll- und Verkehrsverhältnisse zwischen den beiderseitigen Ländern;

Anhalt-Bernburg, vermöge seines Vertrages vom 11. Juli 1839, betreffend die Erneuerung der Verträge wegen Anschließung der anhalt-bernburgischen Landestheile an das preußische indirekte Steuersystem;

Hessen-Homburg, vermöge seines Vertrages mit Preußen vom 5. Dezember 1840 in Beziehung auf das Amt Meisenheim;

Lippe, vermöge seines Vertrages mit Preußen und den übrigen Mitgliedern des Zollvereins vom 18. Oktober 1841 in Beziehung auf das Fürstenthum Lippe, und vermöge seines Vertrages mit Preußen von demselben Tage in Beziehung auf die fürstlichen Gebietstheile Lipperode, Cappel und Grevenhagen;

Sachsen-Weimar-Eisenach, vermöge seines Vertrages mit Bayern vom 24. Mai 1843 in Beziehung auf das Vordergericht Ostheim;

Luxemburg, vermöge seines Vertrages mit Preußen und den übrigen Mitgliedern des Zollvereins vom 2. April 1847, die Fortdauer des Anschlusses des Großherzogthums Luxemburg an das Zollsystem Preußens und der übrigen Staaten des Zollvereins betreffend;

Schaumburg-Lippe, vermöge seines Vertrages mit Hannover vom 25. September 1851;

Braunschweig, vermöge der mit Hannover getroffenen Uebereinkunft vom 20. Dezember 1853, bezüglich des

Amtes Thedinghausen, der im Fürstenthum Hildesheim belegenen Enklaven und einiger sonstigen bisher dem Steuervereine angehörigen braunschweigischen Gebietstheile;

die freie Stadt Bremen, vermöge des mit Preußen, Hannover und Kurhessen für sich und in Vertretung der übrigen Staaten des Zollvereins abgeschlossenen Vertrages vom 26. Januar 1856 bezüglich einzelner bremischer Gebietstheile.

Wir lassen hier nur den Vertrag vom 4. April 1853, durch den die Fortdauer des Vereins gesichert, und Hannover und Oldenburg (der frühere Steuerverein) in denselben aufgenommen wurden, im Auszuge, mit einigen Zusätzen und Erklärungen, folgen, um daraus die Tendenz, Einrichtung und Verfassung des Vereins, wie sie noch heute*) bestehen, erkennen zu lassen.

Der zwischen den Königreichen Preußen, Bayern, Sachsen und Würtemberg, dem Großherzogthum Baden, dem Kurfürstenthum und dem Großherzogthum Hessen, den zum thüringschen Zoll- und Handelsvereine verbundenen Staaten, den Herzogthümern Braunschweig und Nassau, und der freien Stadt Frankfurt behufs eines gemeinsamen Zoll- und Handelssystems errichtete Verein wird vorläufig auf weitere zwölf Jahre, vom 1. Januar 1854 anfangend, also bis zum letzten Dezember 1865, fortgesetzt.

Für diesen Zeitraum bleiben die Zollvereinsverträge auch ferner in Kraft:

1) der Zollvereinigungsvertrag zwischen Preußen, Kurhessen und dem Großherzogthum einerseits, und Bayern und Würtemberg andererseits vom 22. März 1833;

2) der Zollvereinigungsvertrag mit dem Königreich Sachsen vom 30. März 1833;

3) der Vertrag wegen Anschlusses des thüringschen Zoll- und Handelsvereins an den Gesammtzollverein vom 11. Mai 1833;

---

*) Die Durchfuhrzölle und einiges andere ausgenommen, worüber im Verlaufe der Geschichte das Nähere mitgetheilt wird.

4) der Vertrag wegen Anschlusses des Großherzogthums Baden vom 12. Mai 1835;

5) der Vertrag wegen Anschlusses des Herzogthums Nassau vom 10. Dezember 1835;

6) der Vertrag wegen Anschlusses der freien Stadt Frankfurt vom 2. Januar 1836;

7) der Vertrag wegen Fortdauer des Zoll- und Handelsvereins (bis zum 31. Dezember 1853) vom 8. Mai 1841;

8) der Vertrag wegen Anschlusses des Herzogthums Braunschweig an den Zollverein vom 19. Oktober 1841;

9) der Vertrag wegen Anschlusses der Grafschaft Schaumburg an den Zollverein vom 13. November 1841.

Dem erstgedachten Vertrage vom 22. März 1833 waren allerdings, nachdem Preußen mit dem Zollgesetze vom 26. Mai 1818 sein neues Grenzzollsystem angenommen hatte, schon verschiedene Anschlußverträge, namentlich mit dem Großherzogthum Hessen vom 14. Februar 1828 und mit dem Kurfürstenthum Hessen vom 25. August 1831 vorangegangen. Indessen wird der Vertrag vom 22. März 1833 als die eigentliche Grundlage des Zollvereins betrachtet, und sind diesem alle späteren Zollvereinigungsverträge nachgebildet.

Der Zweck des Zollvereins ist vor Allem Beförderung des Handels und gewerblichen Verkehrs, sowohl im Allgemeinen, als insbesondere unter den mit einander verbundenen Staaten. Bei Verfolgung dieses Zwecks geht jedoch die Absicht auch dahin, darauf Bedacht zu nehmen, daß die besondern Verhältnisse der einzelnen Vereinsstaaten genügende Berücksichtigung finden.

In den Gebieten der kontrahirenden Staaten sollen übereinstimmende Ansätze über Eingangs-, Ausgangs- und Durchgangsabgaben bestehen, dabei jedoch diejenigen Modifikationen zulässig sein, welche, ohne dem gemeinsamen Zwecke Abbruch zu thun, aus der Eigenthümlichkeit der allgemeinen Gesetzgebung eines jeden theilnehmenden Staates, oder aus lokalen Interessen sich als nothwendig ergeben. Bei dem Zolltarife namentlich sollen hierdurch in Bezug auf Eingangs- und Ausgangsabgaben bei einzelnen, weniger für den größeren Handelsverkehr geeigneten Ge-

genständen, und in Bezug auf Durchgangsabgaben, je nachdem
der Zug der Handelsstraße es erfordert, solche Abweichungen von
den allgemein angenommenen Erhebungssätzen, welche für einzelne
Staaten als vorzugsweise wünschenswerth erscheinen, nicht aus=
geschlossen sein, sofern sie auf die allgemeinen Interessen des
Vereins nicht nachtheilig einwirken.

Desgleichen soll auch die Verwaltung der Eingangs=, Aus=
gangs= und Durchgangsabgaben und die Organisation der dazu
dienenden Behörden in allen Ländern des Gesammtvereins, unter
Berücksichtigung der in denselben bestehenden eigenthümlichen Ver=
hältnisse, auf gleichen Fuß gebracht werden.

Veränderungen in der Zollgesetzgebung, mit Einschluß des
Zolltarifs und der Zollordnung, sowie Zusätze und Ausnahmen
können nur auf demselben Wege und mit gleicher Uebereinstim=
mung sämmtlicher Glieder des Gesammtvereins bewirkt werden,
wie die Einführung der Gesetze erfolgt. — Der hierdurch aus=
gesprochene Grundsatz entspricht unzweifelhaft der Natur des Zoll=
vereins als einer Sozietät zwischen souveränen Staaten. Indes=
sen ist nicht zu verkennen, daß derselbe leicht lähmend auf die
Entwickelung des Vereins einwirken kann und sich in dieser Be=
ziehung auch schon öfter störend erwiesen hat. Gleichwohl wird
es, gerade weil jener Grundsatz an und für sich der richtige ist,
schwer sein, ihn in angemessener und nach allen Richtungen hin
befriedigender Weise zu mobifiziren. Ein darauf bei der 10. Ge=
neralkonferenz gerichteter Antrag, welcher im Wesentlichen dahin
ging, daß für alle Beschlüsse, welche blos die Auslegung der Ge=
setze, sowie die Ertheilung oder Abänderung reglementärer Anord=
nungen betreffen, statt Stimmeneinhelligkeit nur eine noch näher
festzustellende Stimmenmehrheit erforderlich sein solle, ist wenig=
stens weder in der gestellten, noch auch in anderer Weise durch=
zusetzen gewesen.

Von der Verkehrsfreiheit sind nur ausgeschlossen: die zu den
Staatsmonopolien gehörigen Gegenstände (Spielkarten und Salz),
sodann die im Innern der kontrahirenden Staaten mit einer
Steuer belegten inländischen Erzeugnisse. Früher waren auch
Gegenstände ausgeschlossen, welche ohne Eingriff in die von einem
der kontrahirenden Staaten ertheilten Erfindungspatente oder Pri=

vilegien nicht nachgemacht oder eingeführt werden konnten, und daher für die Dauer der Patente oder Privilegien von der Einfuhr
in den Staat, welcher dieselben ertheilt hatte, noch ausgeschlossen
bleiben mußten. Diese Ausnahme ist durch den Vertrag wegen
Ertheilung von Erfindungspatenten und Privilegien vom 21. September 1842 beseitigt.

In Bezug auf diejenigen Erzeugnisse, welche in den einzelnen
Vereinsstaaten theils bei ihrer Hervorbringung oder Zubereitung,
theils unmittelbar bei ihrem Verbrauche mit einer inneren Steuer
belegt sind, wird es von sämmtlichen kontrahirenden Theilen als
wünschenswerth anerkannt, hierin eine Uebereinstimmung der Gesetzgebung und der Besteuerungssätze in den Vereinsstaaten thun-
lichst hergestellt zu sehen, und es wird daher auch ihr Bestreben
auf Herbeiführung einer solchen Gleichmäßigkeit, insbesondere durch
Vereinigung mehrerer Staaten zu gleichen inneren Steuereinrichtungen, mit oder ohne Gemeinschaftlichkeit der Steuererträge, gerichtet sein. Bis dahin, wo dieses Ziel erreicht worden, sollen hinsichtlich der vorbemerkten Steuern und des Verkehrs mit den davon betroffenen Gegenständen unter den Vereinsstaaten, zur Vermeidung der Nachtheile, welche aus einer Verschiedenartigkeit der
inneren Steuersysteme überhaupt, und namentlich aus der Ungleich-
heit der Steuersätze, sowohl für die Produzenten, als für die
Steuereinnahmen der einzelnen Vereinsstaaten erwachsen könnten —
abgesehen von der Besteuerung des im Umfange des Zollvereins
erzeugten Rübenzuckers, weshalb auf die besonders getroffenen
Vereinbarungen Bezug genommen wird —, folgende Grundsätze
in Anwendung kommen. Von allen Erzeugnissen, von welchen
entweder dargethan wird, daß sie als ausländisches Ein- oder
Durchgangsgut die zollamtliche Behandlung bei einer Erhebungs-
behörde des Vereins bereits bestanden haben oder derselben noch
unterliegen, oder von welchen, dafern sie zu den tarifmäßig zollfreien gehören, durch Bescheinigungen der Grenzzollämter nachgewiesen wird, daß sie vom Auslande eingeführt worden sind, darf
keine weitere Abgabe irgend einer Art, sei es für Rechnung des
Staates oder für Rechnung von Kommunen oder Korporationen,
erhoben werden, jedoch — was das Eingangsgut betrifft — mit
Vorbehalt derjenigen inneren Steuern, welche in einem Vereins-

ſtaate auf bie weitere Verarbeitung ober auf anberweite Berei=
tungen aus ſolchen Erzeugniſſen, ohne Unterſchieb bes ausländi=
ſchen, inländiſchen ober vereinsländiſchen Urſprungs allgemein ge=
legt ſinb. — Unter ben zuletzt angebeuteten inneren Steuern ſinb
bie auf bie Fabrifation bes Branntweins, bes Biers unb bes Eſ=
ſigs gelegten, ſowie bie Mahl= unb Schlachtſteuer zu verſtehen; bieſen
Steuern unterliegt baher auch bas ausländiſche Getreibe, Malz
unb Bieh (inſofern bieſe Gegenſtänbe zur weiteren Verarbeitung
u. ſ. w. eingeführt werben) in gleicher Weiſe, wie bas inländiſche.

Von ben innerhalb bes Vereins erzeugten Gegenſtänben, welche
nur burch einen Vereinsſtaat tranſitiren, um entweber in einen
anbern Vereinsſtaat ober nach bem Auslanbe geführt zu werben,
bürfen innere Steuern weber für Rechnung bes Staats, noch für
Rechnung von Kommunen ober Korporationen erhoben werben.

Vereinsſtaaten, welche von einem inländiſchen Weine feine
innere Steuer erheben, bürfen auch bas gleiche vereinsländiſche
Erzeugniß nicht beſteuern. Jeboch ſoll ausnahmsweiſe benjenigen
Vereinsſtaaten, in welchen fein Wein erzeugt wirb, freiſtehen, eine
Abgabe von bem vereinsländiſchen Wein nach ben beſonbers ge=
troffenen Verabrebungen zu erheben. — Dieſe Ausnahme hat
barin ihren Grunb, baß bie Uebergangsabgabe von Wein nicht,
wie bie übrigen Uebergangsabgaben, ben Charafter einer Ausglei=
chungsabgabe hat, ſonbern eine Entſchäbigung für bie Einbuße
bilbet, welche bie Staatsfaſſen ber norbbeutſchen Vereinsſtaaten
burch bie ben Konſumtionsverhältniſſen nicht entſprechenbe Thei=
lung ber Zolleinfünfte von frembem Wein erleiben.

Diejenigen Staaten, in welchen innere Steuern von einem
Konſumtionsgegenſtanbe bei bem Kauf ober Verfauf ober bei ber
Verzehrung beſſelben erhoben werben, bürfen bieſe Steuern von
ben aus anberen Vereinsſtaaten herrührenben Erzeugniſſen ber
nämlichen Gattung nur in gleicher Weiſe forbern; ſie fönnen ba=
gegen bie Abgabe von ben nach anberen Vereinsſtaaten übergehen=
ben Gegenſtänben unerhoben, ober ganz ober theilweiſe zurückgeben
laſſen.

Diejenigen Staaten, welche innere Steuern auf bie Hervor=
bringung ober Zubereitung eines Konſumtionsgegenſtanbes gelegt
haben, fönnen ben geſetzlichen Betrag berſelben bei ber Einfuhr

des Gegenstandes aus anderen Vereinsstaaten voll erheben und bei der Ausfuhr nach diesen Staaten theilweise oder bis zum vollen Betrage zurückerstatten lassen.

Jedem Vereinsstaate bleibt es zwar freigestellt, die auf der Hervorbringung, der Zubereitung oder dem Verbrauch von Erzeugnissen ruhenden inneren Steuern beizubehalten, zu verändern oder aufzuheben, sowie neue Steuern dieser Art einzuführen, jedoch sollen dergleichen Abgaben für jetzt nur auf folgende inländische und gleichnamige vereinsländische Erzeugnisse, als: Branntwein, Bier, Essig, Malz, Wein, Most, Cider (Obstwein), Taback, Mehl und andere Mühlenfabrikate, desgleichen Backwaaren, Fleisch, Fleischwaaren und Fett gelegt werden dürfen. Auch wird man sich über bestimmte Sätze verständigen, deren Betrag bei Abmessung der Steuern nicht überschritten werden soll.

Soweit zwischen mehreren zum Zollverein gehörigen Staaten eine Vereinigung zu gleichen Steuereinrichtungen besteht, werden diese Staaten in Ansehung der Befugniß, die betreffenden Steuern gleichmäßig auch von vereinsländischen Erzeugnissen zu erheben, als ein Ganzes betrachtet. — Eine Vereinigung mehrerer Vereinsstaaten zu gleichen inneren Steuern gewährt den freien Verkehr mit den von diesen Steuern getroffenen Gegenständen unter den betheiligten Staaten, und wenn die Vereinigung zugleich mit Gemeinschaft der Auskunft stattfindet, so wird die Uebergangsabgabe, welche von gleichartigen, aus anderen dem Spezialvereine nicht angehörigen Vereinsstaaten eingeführten Gegenständen zu entrichten ist, stets für gemeinschaftliche Rechnung des Spezialvereins erhoben. Hannover z. B. befindet sich in Ansehung der Steuern von Wein und Taback, sowie hinsichtlich der Uebergangsabgaben von diesen Gegenständen mit Preußen, Sachsen, Kurhessen, den Staaten des thüringschen Zoll- und Handelsvereins, Braunschweig und Oldenburg, desgleichen hinsichtlich der Branntweinsteuer mit Oldenburg, Schaumburg-Lippe und den angeschlossenen bremischen Gebietstheilen in einer Gemeinschaftlichkeit der Auskunft. Es erhebt zwar eine Biersteuer, aber keine Uebergangsabgabe von Bier.

Das in dem preußischen Chausseegeld-Tarife vom Jahre 1828 bestimmte Chausseegeld soll als der höchste Satz angesehen und hinfüro in keinem der kontrahirenden Staaten überschritten werben, mit alleiniger Ausnahme des Chausseegeldes auf solchen Chausseen, welche von Korporationen oder Privatpersonen oder auf Aktien angelegt sind oder angelegt werden möchten, insofern dieselben nur Nebenstraßen sind oder blos lokale Verbindungen einzelner Ortschaften oder Gegenden mit größeren Städten oder mit den eigentlichen Haupthandelsstraßen bezwecken.

Die Wasserzölle sind von der Schifffahrt auf solchen Flüssen, auf welche die Bestimmungen des Wiener Kongresses oder besonderer Staatsverträge Anwendung finden, ferner gegenseitig nach jenen Bestimmungen zu entrichten, insofern hierüber nichts besonderes verabredet wird. Alle Begünstigungen, welche ein Vereinsstaat dem Schifffahrtsbetriebe seiner Unterthanen auf den Eingangs genannten Flüssen zugestehen möchte, sollen in gleichem Maße auch der Schifffahrt der Unterthanen der andern Vereinsstaaten zu Gute kommen. Auf den übrigen Flüssen, bei welchen weder die Wiener Kongreßakte, noch andere Staatsverträge Anwendung finden, werden die Wasserzölle nach privativen Anordnungen der betreffenden Regierungen erhoben. Doch sollen auch auf diesen Flüssen die Unterthanen der kontrahirenden Staaten und deren Waaren und Schiffsgefäße überall gleich behandelt werden. — Durch die Uebereinkünfte vom 17. Mai und vom 23. Juni 1851 zwischen Preußen, Bayern, Baden, Großherzogthum Hessen und Nassau haben die drei erstgenannten Staaten ihren Antheil am Rheinzoll der vollen Gebühr für die Berg- und die Thalfahrt unter der Flagge eines deutschen Uferstaates auf die Hälfte, Hessen und Nassau für die Bergfahrt auf $\frac{3}{7}$ ermäßigt. Eine weitere Ermäßigung der Rheinzölle ist von der gegen Ende des Jahres 1860 in Karlsruhe versammelt gewesenen Konferenz von Bevollmächtigten der deutschen Rheinuferstaaten beschlossen. Die auf der Ems früher bestandenen Wasserzölle und Schleusengelder sind seit dem Jahre 1851 suspendirt; desgleichen die auf der Weser bestandenen Zölle in Folge des zwischen Hannover, Preußen, Kurhessen und der freien Hansestadt Bremen abgeschlossenen Vertrages vom 26. Januar 1856 seit dem 1. Januar 1857. Die Elbzölle wurden nach der Vertreibung der Franzosen aus Deutschland von neuem erhoben, obgleich die Wiener Kongreßakte das Verbot kurz vorher ausdrücklich ausgesprochen hatte. Die Elbuferstaaten vereinigten sich zwar, um, wie man es nannte, „eine völlig freie Elbschifffahrt" herzustellen, allein bis auf einige wenige Ermäßigungen der Tarifsätze und Verminderung der Zollstätten, wurden sämmtliche Zollabgaben und Belastungen unter der Bezeichnung „Elbzoll= und Rekognitionsgebühren" in eine allgemeine Schifffahrtsabgabe umgewandelt, die alle Fahrzeuge, Flöße, Ladungen u. s. w. bei den 14 Hebestellen entrichten sollten. Spätere Verträge ließen im Jahre 1844 die Additionalakte und die Bestimmung entstehen, daß jede Aenderung der Zollsätze der Zustimmung aller betheiligten Uferstaaten bedarf. Beim Abbruch der Konferenzen der vierten Elbschifffahrts=Revisionskommission im November 1858 erklärten die Bevollmächtigten für Oesterreich, Preußen, Sachsen und Hamburg: „durch die beharrlich versagte Zustimmung Hannovers, Mecklenburgs und Dänemarks zu einer dem nachgewiesenen Verkehrsbedürfnisse, wie dem Zwecke des Art. 30 der Elbakte entsprechenden Modifikation des Elbzolltarifs sei die Elbschifffahrts=Revisionskommission in die Lage gesetzt, die ihr vertragsmäßig obliegenden Verpflichtungen nicht erfüllen zu können, und die Konferenzen für jetzt abzubrechen; allein ihre Regierungen müßten sich die weiteren Maßregeln reserviren, um eine Abhülfe gegen die längere Fortdauer der mit den Stipulationen der Wiener Verträge und der Elbakte in Widerspruch stehenden bisherigen Elbzollverhältnisse herbeizuführen."

Wie die Chaussee=, Pflaster=, Dammgelder, sollen Kanal=, Schleusen=, Brücken=, Fuhr=, Hafen=, Waage=, Krahnen= und Niederlagegebühren und Leistungen für Anstalten, die zur Erleichterung des Verkehrs bestimmt sind, nur bei Benutzung wirklich bestehender Einrichtungen erhoben, und nicht über den Betrag der gewöhnlichen Herstellungs= und Unterhaltungskosten hinaus erhoben werden.

Die kontrahirenden Staaten werden gemeinschaftlich dahin wirken, daß durch Annahme gleichförmiger Grundsätze die Gewerbsamkeit befördert, und der Befugniß der Unterthanen des einen Staates, in dem andern Arbeit und Erwerb zu suchen, möglichst freier Spielraum gegeben werde. Von den Unterthanen des einen Staates, welche in dem Gebiete des andern Handel und Gewerbe treiben oder Arbeit suchen, soll keine Abgabe entrichtet werden,

welcher nicht die eignen Unterthanen unterworfen sind. Fabrikanten und Gewerbtreibende, die blos für das von ihnen betrie-
bene Geschäft Anläufe machen, oder Reisende, welche nur Muster
von Waaren bei sich führen, sollen außer den Abgaben im eignen
Staate keine weiteren zu entrichten haben. Auch sollen beim Be-
suche der Märkte und Messen zur Ausübung des Handels und
zum Absatz eigner Erzeugnisse oder Fabrikate in jedem Vereinsstaate die Unterthanen anderer Staaten wie die eignen behandelt
werden. — Die Freizügigkeit ist durch die Partikulargesetzgebung
noch gänzlich ausgeschlossen. Abgesehen davon, daß sie in einzelnen Staaten gar nicht gestattet ist, so daß sich auch der eigne
Angehörige des Staates nicht an jedem Orte desselben niederlassen
kann, schreiben in vielen Staaten die Gesetze Bedingungen für
die Anfässigmachung vor, welche von den Bewohnern anderer
deutschen Staaten gar nicht erfüllt werden können. So hat z. B.
in Sachsen, Bayern, Oldenburg und andern Staaten jeder, der
in einer andern Gemeinde sich niederlassen will, einen Heimaths-
schein vorzulegen, laut dessen die Gemeinde, der er bisher angehörte, sich anheischig macht, ihn im Fall der Verarmung wieder
aufzunehmen. Bewohner solcher Staaten nun, wo bezüglich der
Ausstellung des Heimathscheines eine derartige Vorschrift nicht
besteht, können sonach nicht nach jenen Staaten übersiedeln.

Preußen, Hannover und Oldenburg werden gegenseitig ihre
Seeschiffe und deren Ladungen unter denselben Bedingungen und
gegen dieselben Abgaben, wie die eignen Seeschiffe, zulassen, und
von diesem Grundsatze namentlich auch in Betreff der Binnen-
schifffahrt oder Kabotage keine Ausnahme machen. Ihre Seehäfen sollen dem Handel der Unterthanen jedes andern Vereinsstaates gegen völlig gleiche Abgaben, wie solche von den eignen
Unterthanen entrichtet werden, offen stehen; auch sollen die in fremden
See- und andern Handelsplätzen angestellten Konsuln eines oder
des andern der kontrahirenden Staaten veranlaßt werden, der
Unterthanen der übrigen kontrahirenden Staaten sich möglichst mit
Rath und That anzunehmen.

Die als Folge des gegenwärtigen Vertrages eintretende Gemeinschaft der Einnahme der kontrahirenden Staaten bezieht sich
auf den Ertrag der Eingangs-, Ausgangs- und Durchgangsabgaben

im Zollverein. Es sind von der Gemeinschaft ausgeschlossen und bleiben, sofern nicht Separatverträge zwischen einzelnen Vereinsstaaten ein Anderes bestimmen, dem privativen Genusse der betreffenden Staatsregierungen vorbehalten:

1) die Steuern, welche im Innern eines jeden Staates von inländischen Erzeugnissen erhoben werden, inkl. der zur Erhebung der Uebergangsabgaben;

2) die Wasserzölle;

3) Chausseeabgaben, Damm-, Brücken-, Kanal-, Schleusen-, Hafengelder u. dgl.;

4) die Zollstrafen und Konfiskate.

Bei den Eingangs-, Ausgangs- und Durchgangsabgaben wird der nach Abzug der Rückerstattungen für unrichtige Erhebungen, und der nach den auf den Grund besonderer gemeinschaftlicher Verabredungen erfolgten Steuervergütungen und Ermäßigungen verbleibende Bruttoertrag der Vertheilung zu Grunde gelegt. Bei den Eingangsabgaben bildet derjenige Theil des Bruttoertrages, welcher dem Verhältniß der dem Vereine angehörenden Bevölkerung des Königreichs Hannover und des Herzogthums Oldenburg zur Gesammtbevölkerung des Vereins entspricht, nachdem er um drei Viertheile seines einfachen Betrages vermehrt worden, den Antheil des Königreichs Hannover und des Herzogthums Oldenburg, der übrige Theil den Antheil der andern kontrahirenden Staaten an dem Bruttoertrage. Der hiernach dem Königreich Hannover und dem Herzogthum Oldenburg über das Verhältniß ihrer Bevölkerung hinaus zukommende Antheil am Bruttoertrage der Eingangsabgaben soll jedoch, unter Hinzurechnung des diesen Staaten an dem Bruttoertrage der Rübenzuckersteuer zugestandenen gleichen Zuschlages von drei Viertheilen, den Betrag von 20 Silbergr. für jeden ihrer, dem Vereine angehörenden Einwohner in keinem Jahre übersteigen. Die gemeinschaftlichen Verwaltungskosten werden auf Hannover und Oldenburg einerseits und auf die übrigen kontrahirenden Staaten andererseits nach dem Verhältniß ihrer, dem Vereine angehörenden Bevölkerung vertheilt, und es wird der von jeder dieser beiden Gruppen zu tragende Antheil von dem Antheil derselben am Bruttoertrage in Abzug gebracht. Der hieraus für jede der beiden Gruppen sich ergebende Antheil am

5

Nettoertrage der Eingangsabgaben wird zwischen den betheiligten Staaten nach dem Verhältniß ihrer, dem Vereine angehörenden Bevölkerung vertheilt.

Der Bruttoertrag der Aus- und Durchgangsabgaben wird a) soweit diese Abgaben bei den Hebestellen in den östlichen Provinzen des Königreichs Preußen (also mit Ausnahme der Provinz Westphalen und der Rheinprovinz), im Königreich Sachsen, im Gebiete des thüringschen Zoll- und Handelsvereins und im Herzogthum Braunschweig, mit Ausschluß der Kreisdirektionsbezirke Holzminden und Gandersheim, so wie des Amtes Thedinghausen, eingehen, zwischen Preußen, Sachsen, Thüringen, Braunschweig nach dem von ihnen zu verabredenden Theilungsfuße vertheilt, dagegen b) soweit dieselben bei den westlichen Provinzen des Königreichs Preußen, in Bayern, Hannover, Würtemberg, Baden, den beiden Hessen, den Bezirken Holzminden und Gandersheim, so wie dem Amte Thedinghausen des Herzogthums Braunschweig, Oldenburg, Nassau, Frankfurt eingehen, in der Weise wie die Eingangsabgaben vertheilt. Verwaltungskosten, soweit sie überhaupt der Gemeinschaft abzurechnen sind, werden nur von den Eingangsabgaben abgezogen. Bei der Vertheilung der Ein-, Aus- und Durchgangsabgaben wird die Bevölkerung des Fürstenthums Schaumburg-Lippe und der hannover-braunschweigischen Kommunionbesitzungen in die Bevölkerung von Hannover, die anderer Staaten, welche durch Vertrag mit einem andern, unter Verabredung einer von diesem jährlich für ihre Antheile an den gemeinschaftlichen Zollrevenuen zu leistenden Zahlung, dem Zollsysteme desselben beigetreten sind, in die Bevölkerung desjenigen Staates eingerechnet, welcher diese Zahlung leistet.

Der Stand der Bevölkerung in den einzelnen Vereinsstaaten wird alle drei Jahre ausgemittelt.

Von den dem preußischen Zollsysteme mit ihrem ganzen Gebiete oder mit einem Theile desselben beigetretenen Staaten sollen rücksichtlich der Theilung der Aus- und Durchgangsabgaben

    a) die mecklenburg-schwerinschen Ortschaften Rossow, Netzeband, Schönberg,

    b) die großherzoglich sächsischen Aemter Allstedt und Oldisleben,

c) das sachsen-koburg und gothaische Amt Volkenrode,

d) die anhalt-köthenschen Lande,

e) die anhalt-dessauischen Lande,

f) die anhalt-bernburgischen Lande,

g) die Unterherrschaft des Fürstenthums Schwarzburg-Rudolstadt,

h) die Unterherrschaft des Fürstenthums Schwarzburg-Sondershausen,

i) das braunschweigische Fürstenthum Blankenburg nebst dem Stiftsamte Walkenried, und das Amt Kalvörde,

den östlichen Provinzen, dagegen

a) das oldenburgische Fürstenthum Birkenfeld,

b) die Fürstenthümer Waldeck und Pyrmont,

c) das hessen-homburgische Oberamt Meisenheim,

d) das Fürstenthum Lippe,

den westlichen Provinzen beigerechnet werden. Auch Luxemburg gehört zu diesen.

Die Trennung des Vereins in einen östlichen und westlichen Verband hat in der bedeutenden Abweichung der Einnahmen in beiden Verbänden und in den eigenthümlichen Verhältnissen ihren Grund, die in Ostpreußen eintreten. Obgleich nämlich die Wasserzölle und Schifffahrtsabgaben im Zollvereine von der Gemeinschaft ausgeschlossen sind, so werden solche doch, in Ermangelung besonderer für die Oder, Weichsel und Memel und deren Nebenflüsse angeordneten Wasserzölle u. s. w., als in den allgemeinen zollvereinsländischen Durch- und Ausgangsabgaben mitberechnet betrachtet, welche für die über die Ostgrenze des preußischen Staates eingeführten und aus den Ostseehäfen ausgehenden, oder über jene Grenze ausgeführt werdenden Gegenstände erhoben werden. Preußen hat deshalb für den Ausfall, den es durch die Nichteinführung getrennter Wasserzölle erleidet, ein Aequivalent in Anspruch genommen, und dieses ist ihm in dem Maße zu Theil geworden, daß es bei der Theilung die Hälfte, jedoch höchstens die Summe von 300,000 Thlr. voraus erhält. Nach Abzug dieses Präzipuums wird übrigens die dann verbleibende Summe aus dem Ertrage der Aus- und Durchgangsabgaben nach der Zahl der Bevölkerung sämmtlicher daran betheiligten Staaten getheilt.

5*

Uebrigens ist, wie man sieht, im Gegensatz zu den Bestimmungen des Vertrages vom 8. Mai 1841 durch den Vertag von 1853 der Grundsatz der Vertheilung des Bruttoertrages angenommen, während vorher im Vereine der Grundsatz galt, daß die Nettoeinnahmen nach dem rein arithmetischen Verhältnisse der Bevölkerung zu vertheilen seien.

Begünstigungen für Gewerbtreibende hinsichtlich der Zollentrichtung, welche nicht in der Zollgesetzgebung selbst begründet sind, fallen der Staatskasse derjenigen Regierung, welche sie bewilligt, zur Last. Zollbegünstigungen für Gewerbtreibende, welche dem Gesammtvereine zur Last fallen, finden sich theils und vorzugsweise im Zolltarife (z. B. in Ansehung des Töpferthones für Porzellanfabriken, in Ansehung der zur Weißglasfabrikation eingehenden Mennige, in Ansehung des für inländische Siedereien zum Raffiniren eingehenden Zuckers), theils beruhen sie auf besonderen Vereinbarungen und den desfalls erlassenen Bestimmungen, z. B. in Betreff der Gewährung einer Zollvergütung für ausgeführten raffinirten Kolonialzucker und für die zum Schiffsbau verwendeten metallenen Materialien. Alle sonstigen, nicht in der Zollgesetzgebung und den Verträgen begründeten Vergünstigungen können nur auf privative Rechnung der bewilligenden Regierung gewährt werden, und es gilt dieserhalb der Grundsatz, daß ihre Gewährung ohne Zustimmung der übrigen Vereinsregierungen nur zulässig ist, sofern sie nicht danach angethan sind, dem Gewerbebetrieb des einen Vereinsstaates vor dem der andern ein künstliches Uebergewicht zu verschaffen. Daher sind Begünstigungen der Einfuhr von Fabrikstoffen durch Freipässe, so wie Begünstigungen der Ausfuhr von Fabrikaten durch Rückvergütungen, Rückzölle oder Prämien, wie sonstige generelle Zollbegünstigungen für Gewerbtreibende, ohne vorgängiges Einverständniß mit den übrigen Regierungen, nicht erlaubt; wogegen z. B. dem Erlasse oder der Ermäßigung des Eingangszolls von Maschinen in einzelnen Fällen kein Bedenken entgegensteht.

In Absicht der Erhebungs- und Verwaltungskosten herrscht keine Gemeinschaft, vielmehr übernimmt jede Regierung alle in ihrem Gebiete vorkommenden Erhebungs- und Verwaltungskosten. Hinsichtlich desjenigen Theils des Bedarfs aber, welcher an den gegen das Ausland gelegenen Grenzen und innerhalb des dazu gehörigen Grenzbezirks für die Zollerhebungs- und Aufsichts-behörden und Zollschutzwachen erforderlich ist, wird man sich über Pauschsummen einigen, welche von der jährlich aufkommenden und der Gemeinschaft zu berechnenden Bruttoeinnahme an Zollgefällen in Abzug gebracht werden.

Die Vertheilung der gemeinschaftlichen Zollvereinseinkünfte auf die einzelnen Vereinsstaaten soll, wie oben gesagt, nach Ver-hältniß der Bevölkerungszahl stattfinden. Doch beziehen Han-nover, Oldenburg und die freie Stadt Frankfurt größere Antheile an den Erträgen der Zölle, als ihnen nach Verhältniß ihrer Be-völkerung zur Gesammtbevölkerung des Vereins zukommen würden. Bei der Vertheilung der Eingangsabgaben wird die Volkszahl von Hannover und Oldenburg $1 = 1\frac{1}{4}$ Kopf berechnet, die des Stadt-gebietes von Frankfurt (ohne die fremde Garnison) $4\frac{3}{4}$fach. Der Art. 11 des 1851 zwischen Preußen und Hannover geschlossenen Vertrages lautet: „Zur Ausgleichung des bedeutend stärkeren Ver-brauchs hochbesteuerter Gegenstände, welcher in Hannover statt-gefunden hat und voraussichtlich auch ferner stattfinden wird, so wie des höhern Einkommens, welches Hannover aus den Ein-, Aus- und Durchgangsabgaben bisher bezogen hat und beim ein-seitigen Vorschreiten zu den Tarifsätzen des Zollvereins noch wesentlich würde steigern können, ist Folgendes verabredet worden: Nachdem der Ertrag der Eingangs-, Ausgangs- und Durchgangs-abgaben und der Steuer vom inländischen Zucker, nach Abzug

1) der Rückerstattungen für unrichtige Erhebungen,
2) der auf Grund besonderer gemeinschaftlicher Verabredun-gen erfolgten Steuer-Ermäßigungen und Vergütungen,

festgestellt und der auf Hannover im Verhältniß seiner, dem Vereine angehörenden Bevölkerung zur Gesammtbevölkerung des Vereins, beziehungsweise besondern Verbandes fallende Antheil an jenem Ertrage ermittelt sein wird, soll dieser Antheil um drei Viertheile, jedoch, was die Antheile an der Eingangsabgabe nebst Rübenzuckersteuer betrifft, um höchstens 20 Sgr. in einem Jahre für jeden Einwohner vermehrt und die dadurch sich ergebende Geldsumme für Hannover vorabgenommen werden und dessen An-theil an den in die Gemeinschaft fallenden Abgaben bilden."

Man muß das Präzipuum als einen Preis betrachten, den sich Hannover für seinen Beitritt zum Zollverein ausbedang, der damals nicht verweigert werden konnte, der aber im Jahre 1866 gewiß nicht wieder bezahlt zu werden braucht. Denn Hannover kann sich nicht mehr von der Zolleinigung mit Preußen und den übrigen Genossen lossagen; eine Wiederumhegung des Landes mit einer Zollgrenze würde tausend Existenzen vernichten, die erst der Aufhebung der Zollgrenze, der Schaffung eines konsumirenden Hinterlandes ihr Dasein verdanken. Auch finanziell genommen, ist es keine Frage, daß die Aufgabe des Präzipuums bei weitem ein geringeres Opfer wäre, als die Aufgabe des Zollverbandes.

Seitdem Hannover hinsichtlich der innern Besteuerung und daher gemeinschaftlicher Erhebung von Uebergangsabgaben sich verschiedenen Staaten angeschlossen hat, bestehen jetzt folgende engere Steuervereine: der Wein-Most-Tabackssteuerverein umfaßt Preußen, Sachsen, Kurhessen, den thüringschen Verein, und die seit 1841 dem Zollverein beigetretenen Staaten; der Biersteuerverein umfaßt Preußen, Sachsen, den thüringschen Verein, Braunschweig, Luxemburg; der Branntweinsteuerverein umfaßt Preußen, Sachsen und den thüringschen Verein. Außerdem findet Gleichmäßigkeit der innern Besteuerung und daher Gemeinsamkeit in Erhebung der Uebergangsabgaben statt, wo Staaten und Gebietstheile dem Zoll- und Handelssysteme eines andern ganz einverleibt sind, in Bezug auf Branntwein auch bei Hannover und Oldenburg.

Vereinsstaaten, in welchen die Erhebung stattfindet.	Maßstab für die Erhebung.	Steuersatz		
		Thlr.	Sgr.	Pf.
I. Vom Wein u. Traubenmost. In Preußen, Sachsen, Kurhessen, dem thüring. Verein und allen seit 1841 dem Zollverein beigetretenen Staaten	Ctr. preuß. Wein . . . . . Weinmost . . .	— —	25 20	— —

Vereinsstaaten, in welchen die Erhebung stattfindet.	Maßstab für die Erhebung.	Steuersatz.		
		Thlr.	Sgr.	Pf.
II. Vom Bier.				
1) In Preußen, Sachsen, dem thür.Verein und allen seit 1841 dem Zollverein beigetretenen Staaten, außer Hannover, Oldenburg und der Grafschaft Schaumburg	Ctr. preuß. ...	—	7	6
2) Bayern rechts des Rheins .	Eimer bayr. ...	—	17	1⅓
3) Würtemberg	Eimer würtemb.			
a) braun. Bier .		1	21	5⅓
b) weißes „ .		1	4	3⅔
4) Baden	Ohm badisch ..	—	22	3⅔
5) Kurhessen mit der Grafschaft Schaumburg	Ohm kurheff...	—	10	—
6) Großherzogthum Hessen ..	Ohm Grh. Heff.	—	11	5⅓
7) Freie Stadt Frankfurt ...	Ohm Frankf. .	—	11	5⅓
8) Hannover und Oldenburg .	120 Quart pr. bis	1	15	—
III. Vom Branntwein.				
1) In Preußen, Sachsen, dem thür. Verein und allen seit 1841 dem Zollverein beigetretenen Staaten	Ohm preuß. bei 50pCt. Tralles .	6	—	—
2) Bayern rechts des Rheins .	Eimer bayr. ...	1	—	—
3) Würtemberg	Eimer würtemb.	2	25	8⅓
4) Kurhessen	Ohm preuß. ...	3	—	—
IV. Vom Malze.				
1) Bayern rechts des Rheins .	Metzen bayr. .	—	14	3⅔
2) Würtemberg	Simri würt...	—	5	8⅓

Vereinsstaaten, in welchen die Erhebung stattfindet.	Maßstab für die Erhebung.	Steuersatz.		
		Thlr.	Sgr.	Pf.
V. Von Tabacksblättern und Tabacksfabrikaten. In Preußen, Sachsen, Kurhessen, dem thür. Verein und allen seit 1841 dem Zollverein bei= getretenen Staaten	Ctr. preuß. . .	—	20	—

Die Branntweinsteuer betrug in dem Steuerverein 1859: 7,856,416 Thlr. (nach Abzug der Ausfuhrbonifikation); davon machte die Uebergangssteuer aus anderen Zollvereinsstaaten nur 7,162 Thlr. Der Ertrag der ganzen Steuer wird nach Verhält= niß der Bevölkerung vertheilt, mit der Ausnahme, daß an Sach= sens Antheil 18¼ pCt., jedoch nicht über 129,000 Thlr. im Gan= zen, in Abzug und den andern Staaten zu Gute kommen. Dem= zufolge erhielt 1859:

1) Preußen ohne seine Exklaven mit 17,554,124 Einwohnern und den kleinen Staaten, deren Branntweinsteuer durch preußische Kassen fließt, mit 218,932 Einwohnern, 6,697,887 Thlr.

2) Die Staaten oder Landestheile, welche mit Preußen in engerem Verbande stehen, aber die Steuer selbst erheben, Anhalt=Bernburg (56,031 Einw.) 21,116 Thlr., Dessau= Köthen (119,515 Einw.) 45,041 Thlr., weimarische Lan= destheile (9,012 Einw.) 3,396 Thlr., gothaische Landes= theile (2,859 Einw.) 1,077 Thlr., schwarzburg = sonders= hausensche Unterherrschaft (36,069 Einw.) 13,953 Thlr., rudolstädtische Unterherrschaft (15,501 Einw.) 5,842 Thlr., Birkenfeld (35,486 Einw.) 13,373 Thlr., Grafschaft Schaumburg (35,715 Einw.) 13,370 Thlr.

3) Königreich Sachsen (2,122,148 Einw.) 655,618 Thlr.

4) Thüringscher Verein (1,043,771 Einw.) 385,912 Thlr.

Es betrug die Steuerrückvergütung und der demnach verhältnißmäßige Antheil an der Ausfuhr für:

1) Preußen 970,082 Thlr. (worunter 3,118 Thlr. für
   Luxemburg),
2) Dessau-Köthen 118 Thlr.,
3) Sachsen 26,585 Thlr.,
4) Thüringscher Verein 5,072 Thlr.

Von der Bevölkerung, welche innerhalb der Wein-, Most-
und Tabacksgrenze liegt, zählt die von Hannover und Oldenburg,
wie bei der Grenzzolleinnahme-Vertheilung, à 1¾ per Kopf.

Die gemeinschaftliche Uebergangsabgabe von Wein, Most,
Tabacksblättern und Tabacksfabrikaten in den hierzu verbundenen
Zollvereinsstaaten ergab in den ersten drei Quartalen von 1861:

240,342 Thlr. Brtt. gegen 242,025 Thlr. Brtt. im Vorjahre.

Davon kamen zur Vertheilung
in Hannover und Olden-
    burg mit . . . . 2,101,604 Einw. 36,163 Thlr.
in den übrigen verbundenen
    Zollvereinsstaaten . . 22,342,493 „ 204,179 „
Letztere Staaten erhielten
im Vorjahre auf dieselbe Periode . . . . 205,611 „

Der Handels- und Zollvertrag mit Oesterreich.

Dem am 4. April 1853 abgeschlossenen Vertrage über die Fortdauer des Zollvereins und dessen Erweiterung durch Hannover u. s. w. ging, wie schon gesagt, nach manchen zu bewältigenden Schwierigkeiten der Abschluß des Handels- und Zollvertrages mit Oesterreich vom 19. Februar 1853 voran. Der österreichische Minister Bruck suchte mit jenem Scharfblick, der den gewandten Kaufmann kennzeichnet, die Idee eines großen mitteleuropäischen Verkehrsreiches zu verwirklichen. Zur Verwirklichung dieses Gedankens gehörte freilich noch mehr als die Anbahnung besserer Kommunikationen: es war der Umschwung und die Reform aller gewerblichen und merkantilen Verhältnisse erforderlich. Oesterreich mußte überhaupt auf eine höhere Stufe der Kultur gestellt, seine Arbeitskräfte mußten angespannt, seine Intelligenz angeregt, sein Boden verwerthet, seine Kapitalkraft erhöht werden; seine Industriellen mußten freier um sich blicken lernen, sich gewöhnen, der Krücken zu entbehren, die Prohibition und hoher Zoll ihnen unter die Arme gegeben; die Kaufleute mußten anfangen, die deutschen Märkte als eine Ergänzung der inländischen zu betrachten, den einheimischen Erzeugnissen Absatz außerhalb der Grenzen Oesterreichs zu verschaffen und dagegen die fehlenden Produkte zu importiren. Durchdrungen von dem Gedanken, seinem zweiten Vaterlande, dem er mit ganzer Kraft angehörte, jene große Entwickelung in Industrie und Handel zu verschaffen, nahm er zuvörderst die Reform des Zollwesens in Angriff, und zwar in einer Richtung, wie sie bisher in Oesterreich niemals üblich gewesen. Schon am 26. Oktober 1849 brachte die amtliche „Wiener Zeitung" die ersten aber sehr positiven Andeutungen in dieser Richtung. Die Wirthschaft des Volkes wie des Staates sollte einer Reform unterzogen werden, die, wenn fruchtbringend, auch gründlich sein mußte. Nachdem die allgemeinen Vorbereitungen getroffen, wurde am 1. Oktober 1850 der Anfang mit der Aufhebung der Zolllinie zwischen Ungarn und Deutsch-Oesterreich gemacht. Dieser gewaltige Schritt, der nicht nur im Interesse des politischen Centralstaates, sondern eben so wohl in dem des Verkehrs geschah, war augenblicklich von dem besten Erfolge begleitet. Der Ungar fand einen größeren Markt für seine Rohstoffe, gegen die er die Industrieerzeugnisse von Böhmen, Mähren und Nieder-Oesterreich mit Vortheil eintauschte. Er lernte alsbald Bedürfnisse kennen, welche ihm bisher fremd gewesen, die aber nothwendig eine civilisatorische Wirkung äußerten. Die Resultate dieser Aufhebung einer einzigen großen Schranke waren so evident, daß man sich nicht abgeneigt zeigte, auch den weiteren Vorschlägen ein williges Ohr zu schenken. Diese Vorschläge ließen nicht auf sich warten. Auf Veranstaltung des Ministers trat eine Regierungskommission zusammen, die Tarifänderungen berathen sollte. Ein am 21. Januar 1851 abgehaltener und von Bruck in eigener Person eröffneter Zollkongreß nahm einen Entwurf an, der im Vergleich mit dem früheren Systeme einen entschiedenen Wendepunkt in der Wirthschaftspolitik Oesterreichs bezeichnet. Grundsätzlich waren hiernach alle Rohmaterialien von dem Eingangszoll gänzlich befreit oder unterlagen nur einer geringen fiskalischen Abgabe, die kaum noch den Zweck haben konnte, als Schutzzoll zu dienen. Halbfabrikate genossen nach Maßgabe der Entwickelung der eigenen Industrie eines mäßigen Schutzes. Die Prohibition hatte sonach ihre Herrschaft verloren. Der neue Tarif sollte die Basis zum Fortbau der neuen Handelspolitik in Oesterreich bilden. Bereits in einer Denkschrift vom 30. Dezember 1849 hatte der Minister von Bruck den deutschen Regierungen Mittheilungen über eine österreichisch-deutsche Zolleinigung gemacht, in der zweiten Denkschrift vom 30. Mai 1850 that er dies noch umständlicher. Die Ende 1850 zur Berathung der Bundesreform eröffneten und von sämmtlichen deutschen Regierungen beschickten Dresdener Konferenzen beschäftigten sich zwar mit der handelspolitischen Einigung, führten aber auch in diesem Punkte zu keinem bestimmten Resultat. Oesterreich trat darum mit Preußen und den übrigen Zollvereinsstaaten in direkte Unterhandlung.

Nach dem am 23. Mai 1851 erfolgten Austritt Bruck's aus dem Ministerrathe war zwar die Einigung Oesterreichs mit dem

deutschen Zollvereine weiter betrieben worden, aber die Angelegen=
heit hatte eine solche Wendung genommen, daß selbst die Existenz
des Zollvereins bedroht erschien. Preußen hatte, um sich gegen
die süddeutschen Anhänger Oesterreichs zu stärken, den Vertrag
vom 8. September 1851 mit Hannover geschlossen, wonach sich
der Steuerverein von 1854 ab an das preußische Zollgebiet an=
schließen sollte, und kündigte dann zugleich die Zollvereinsverträge,
so daß der Zollverein seinem Ende entgegenging. Oesterreich hatte
inzwischen sämmtliche deutsche Bundesregierungen auf den 2. Ja=
nuar 1852 zu einer Zollkonferenz in Wien eingeladen, auf wel=
cher ein Handelsvertrag mit Oesterreich berathen werden sollte,
ehe die Zollkonferenz zu Berlin zur Rekonstruktion des durch den
Steuerverein erweiterten deutschen Zollvereins zusammentreten
würde. Preußen beschickte jedoch die Wiener Konferenz nicht, son=
dern erklärte beharrlich, daß es die Unterhandlungen mit Oester=
reich erst geeignet fände, nachdem der deutsche Zollverein selbst
hergestellt worden. Die Parteien gingen hierüber so weit ausein=
ander, daß zuletzt einerseits Preußen, der Steuerverein und die thü=
ringschen Staaten, andererseits die übrigen Staaten mit Oester=
reich einander in gesonderten Konferenzen gegenüberstanden. Da
berief der Kaiser, welcher sich persönlich für die Zollangelegenheit
lebhaft interessirte, seinen ehemaligen Handelsminister, den Urheber
des Gedankens eines mitteleuropäischen Industrie= und Zollgebiets,
wieder zu sich und betraute ihn mit der Fortführung der Unter=
handlungen mit Preußen auf diplomatischem Wege. Der Geschick=
lichkeit des Herrn von Bruck gelang es nun auch, zu Berlin den
Handelsvertrag vom 19. Februar 1853 zu Stande zu bringen,
dem mit der Rekonstruktion des deutschen Zollvereins am 4. April
1853 die übrigen Zollvereinsstaaten beitraten. Der österreichisch=
deutsche Zollvertrag vom 19. Februar 1853 war jedenfalls ein
bedeutungsvoller Schritt zur Erleichterung und Befreiung des
Verkehrs von einer Reihe der lästigsten Schranken, welche bisher
die geschäftlichen Verbindungen zwischen Oesterreich und dem Zoll=
verein gedrückt oder gehemmt hatten.

Kaum waren die Reformen des Herrn von Bruck als Fi=
nanzminister von 1856 eingeleitet, als er auch auf die Entwürfe
des Handelsministers von 1850 wieder zurückkam und die Tarif=

und Zollangelegenheiten abermals zum Gegenstande seiner Thätigkeit machte. Im April 1856 erschien ein abgeänderter Zolltarif,
der nicht nur von einer freisinnigen Auffassung der Zollsachen
Zeugniß ablegte, sondern auch wegen seiner einzelnen Sätze eine
soziale und politische Bedeutung hatte. Konsumtionsgegenstände und
Halbfabrikate wurden mit einem Schlage um 20—50 pCt. ihres
bisherigen Zolles ermäßigt. Zucker, Kaffee, Cacao erfuhren eine
ansehnliche Herabsetzung; Gewürze wurden, wahrscheinlich nicht
ohne Rücksicht auf Triest, als den zukünftigen Stapelplatz ostindi-
scher Spezereien, reduzirt; Oele und Eßwaaren, ebenso rohes und
gegossenes Blei, gefrischtes und gegossenes Eisen, Baumwoll-, Lei-
nen- und Wollgarne erhielten eine ansehnlich niedrigere Tarifirung.
War es Zweck, die Konsumtion im Inlande zu erhöhen, den wichtigsten Verbrauchsgegenständen, wie Zucker und Kaffee, Eisen und
Baumwollenzeugen, größeren Eingang zu verschaffen und dadurch
die Kultivirung der östlichen Kronländer zu fördern, so geschah
dies doch mit allem Bedacht und voller Sorge für die einheimische
Produktion, und die Besorgnisse, die man anfänglich von der
Herabsetzung der Zölle hegte, verschwanden sehr bald. Einen sehr
günstigen Erfolg hatte diese Reduktion des Tarifs ebenfalls für die
Zollkassen des Staats. Mit dem Verbrauch stiegen die Einnahmen; nur im ersten Jahre der Ermäßigung ergab sich bei den re-
duzirten Waaren ein Ausfall von etwa 800,000 Thlr. Der
Verbrauch von gefrischtem importirten Eisen z. B. war vom
1. Juli bis 31. Dezember 1856 um 115 pCt. gestiegen und hatte
eine Meereinnahme von 22,999 Thlr. oder 77 pCt. abgeworfen;
ähnlich gestalteten sich die Verhältnisse bei mehreren Gegenständen.
Herr von Bruck richtete nun im Herbste 1856 neue direkte Propositionen an den deutschen Zollverein, die auf Ermäßigung der
Durchfuhrzölle, Vereinfachung der Zollmanipulationen, Reduktion
der Zölle für gewisse Rohprodukte, wie Wein, Vieh u. s. w. hin-
ausgingen. Es ward vorerst beschlossen, daß eine Kommission,
aus österreichischen und zollvereinsländischen Sachverständigen zu-
sammengesetzt, in Wien selbst über diese Propositionen berathen
solle. Diese Berathungen hatten kein Resultat, und die im Artikel 25 des Vertrages vom 19. Februar 1853 für das Jahr
1860 in Aussicht genommenen weiteren kommissarischen Verhand-

lungen wegen Herbeiführung einer Zolleinigung oder doch möglichster Annäherung der beiden Zolltarife fanden nicht statt. Freilich brachte Oesterreich um die Mitte des Jahres 1860 die Eröffnung der fraglichen Unterhandlungen bei Preußen in Anregung.
Allein sei es, daß die hierauf im August 1860 erfolgte unum-
wundene Antwort der preußischen Regierung, wie sie bei aller Ge-
neigtheit, über weitere Verkehrserleichterungen zu paktiren, von
vorn herein jedes Verhandeln über eine Zolleinigung ablehnen
müsse, die österreichische Regierung stutzig gemacht, oder sei es,
daß die letztere nachmals selbst erkannt hat, daß, bei den überaus
verwickelten und in völliger Umgestaltung befindlichen inneren Verhältnissen des österreichischen Kaiserstaates, der damalige Zeitpunkt
für solche Verhandlungen kein sehr geeigneter sei, — die Angelegenheit ist seitdem ruhen geblieben. Auch dürfte, gerade mit
Rücksicht auf die jetzige Lage Oesterreichs, eine weitere erhebliche
Annäherung des Zollvereins an dasselbe vorerst wohl nicht zu erwarten und noch weniger darauf zu rechnen sein, daß schon
mit dem Jahre 1866 eine Zolleinigung eintreten werde. Denn
abgesehen von der erwähnten ganz entschiedenen Erklärung Preußens, sind die im Jahre 1852 gegen eine Zolleinigung geltend
gemachten, aus der großen Verschiedenheit der volkswirthschaftlichen
Interessen und Zustände entnommenen Bedenken im Wesentlichen
dieselben geblieben. Der im Sommer 1860 in Wien versammelt
gewesene Reichsrath hat sogar die jetzige, der zollvereinsländischen
bekanntlich nachgebildete Zollgesetzgebung Oesterreichs lebhaft ge-
tadelt und eine viel entschiedenere Hinneigung zum Schutzollsystem
empfohlen. Auch hat bei derselben Gelegenheit der Finanzminister
von Plener die Beibehaltung des Tabacksmonopols sehr entschieden
verfochten. Die Schwierigkeiten haben sich auch dadurch vermehrt,
daß, während Oesterreichs Stellung nach außen gegenwärtig viel
weniger gesichert ist, als vor zehn Jahren, seine inneren staatlichen Verhältnisse sich in einem Stadium der Umwandlung befinden, von welcher sich für jetzt überall nicht absehen läßt, ob
und wann sie zu einem gedeihlichen Abschlusse gelangen wird.

Nach der dermaligen Lage der Dinge ist es kaum wahrscheinlich, daß Oesterreich jetzt selbst bei denjenigen Vereinsregierungen,
die früher in dieser Beziehung so entschieden auf seiner Seite

standen, die gleiche Unterstützung wie früher finden werde. Die letzteren werden schwerlich geneigt sein, sich von einer einmal bestehenden und ihrem Interesse zusagenden Verbindung loszumachen, um eine solche mit einem Ländergebiet einzugehen, das sogar im günstigsten Falle sich bis dahin von den inneren und äußeren Wirren, von denen es seit Jahren heimgesucht worden, nicht erholt haben wird, dessen bisherige Zollerträge pro Kopf der Bevölkerung sich nicht halb so hoch belaufen, als die des Zollvereins, und dessen Einkünfte überdies zum großen Theil in einem tief gesunkenen Papiergelde eingehen. Selbst das abermalige Erbieten einer Garantie gewisser Zolleinkünfte von Seiten Oesterreichs dürfte, im Hinblick auf jene Zustände, wenig Verlockendes haben.

Unter der Herrschaft des Vertrags von 1853 hat sich der Verkehr zwischen Oesterreich und dem Zollvereine allmälig in den industriellen Hauptartikeln folgendermaßen gestaltet:

	Einfuhr aus Oesterreich. Ctr.	Ausfuhr nach Oesterreich. Ctr.
Flachs, Hanf ꝛc.	40,000	48,000
Wolle	140,000	2,000
Baumwollene Garne	1,700	31,000
Leinengarne	14,000	9,000
Wollengarne	3,500	10,000
Roheisen ꝛc.	12,000	54,000
Baumwollene Waaren } . . .	250	680
dgl. feinste }		21
Leinenwaaren	15,000	14
dgl. feinste	20	2
Seidene Waaren	40	434
Halbseidene Waaren	120	376
Wollene Waaren }	750	2,600
dgl. feinste }		440
Eisen= und Stahlwaaren aller Art .	46,000	65,000

	Einfuhr aus Oesterreich. Ctr.	Ausfuhr nach Oesterreich. Ctr.
Andere Metallwaaren	5,000	60,000
Papier	13,000	12,000
Leder	900	14,000
Lederwaaren	500	1,300
Holzwaaren orb.	24,000	27,000
dgl. feine	1,700	5,000
Glaswaaren orb.	2,500	3,000
dgl. feine	15,000	2,000
Thonwaaren orb.	5,000	48,000
dgl. feine	800	2,500
Kurzwaaren	300	430
Bücher	7,000	17,000

Alle diese Zahlen beziehen sich auf die wirklich in den freiern Verkehr getretenen Quantitäten.

Auf den Leipziger Messen sind an zollpflichtigen Meßhandelsgütern aus Oesterreich im Durchschnitt der Jahre 1858—60 (alle drei Messen zusammengenommen) eingegangen:

baumwollene	Waaren	34	Centner,
leinene	„	57	„
wollene	„	332	„
seidene und halbseidene	„	204	„
Kurz=	„	195	„
diverse	„	800	„
		1,622	Centner,

während der Totaleingang ausländischer zollpflichtiger Güter derselben Kategorie 47,000 Centner betrug.

Wenn man diese Zahlen mit der Gesammtprodukion oder auch nur mit der Ausfuhr des Zollvereins nach allen Gegenden hin vergleicht, fällt sofort in die Augen, wie höchst unbedeutend — insbesondere in Web= und Wirkwaaren aller Art — der Austausch an Industrieprodukten zwischen Oesterreich und dem

Zollverein noch ist. Die Zwischenzölle sind, abgesehen von den Valutaverhältnissen, allenthalben noch zu hoch, um eine irgend erhebliche Entwickelung zu gestatten, worin wohl auch ein Beweis gefunden werden könnte, daß eine Herabsetzung derselben und der noch viel höheren Außenzölle Oesterreichs recht wohl ohne große Gefahr thunlich sei. Eine lebhafte volkswirthschaftliche Verbindung zwischen Oesterreich und dem Zollverein ist nur denkbar, wenn man dem letzteren möglich macht, einen Theil wenigstens der Ueberschüsse an Nahrungsmitteln und Rohstoffen, welche Oesterreich ihm zuführt und im eigenen Interesse in immer höherem Maße zuzuführen wünschen muß, mit seinen Industrieerzeugnissen zu bezahlen. So lange man unsere Konkurrenz dort noch dergestalt fürchtet, daß man die Zwischenzölle für Manufakte auf prohibitiven Höhen erhalten und, soweit die beiderseitigen Zwischenzölle gleich gestellt werden, damit auch, wie der Erfolg zeigt, seiner eigenen Industrie jedes größere Geschäft nach dem Zollverein unmöglich machen zu müssen glaubt, ist an eine gedeihliche Entwickelung nicht zu denken.

Die Stagnation des Vereins.

Die Verträge von 1853 sind von äußerster Wichtigkeit für die Geschichte des Zollvereins. Doch dürfen wir die Schattenseite nicht übersehen. Durch den Vertrag mit Oesterreich ist das unglückseligste aller Systeme, das der Differenzialzölle, in unsern Tarif aufgenommen; durch das Präzipuum, welches dem Steuerverein eingeräumt wurde, ist amtlich der Anschauung widersprochen, daß es dem kleineren Gebiet ein Vortheil sei, sich dem größeren anzuschließen. Die nächste Zeit, in die wir nach diesem Abschnitt, den das Jahr 1853 bildet, traten, zeigt uns auf der einen Seite

ein wundervolles Bild von dem Aufschwung der Industrie und
des Verkehrs des Zollvereins, auf der andern Seite werden die
Finanzresultate in Frage gestellt durch die Begünstigungen, welche
man inländischen Industriellen zu Theil werden läßt. Der größte
Triumph der künstlichen Schöpfung von Industrien, die Rübenzuckerfabrikation, ist ein Faß ohne Boden, in welchem die Zolleinnahmen verschwinden. 250 Millionen Centner Rüben oder
17⅓ Million Centner Zucker sind bis Ende 1857 produzirt,
30⅓ Million Thaler Steuer darauf erhoben worden. Dieselbe
Quantität Kolonialzucker würde aber 87½ Million Thaler Zolleinnahmen ergeben haben; 57 Millionen sind daher dieser Schöpfung
geopfert; 57 Millionen, welche durch andere Steuern aufgebracht
werden mußten. Trotz dieser und ähnlicher Uebelstände bietet die
volkswirthschaftliche Entwickelung dieser Zeit ein großartiges Bild.
Die Einfuhr des Zollvereins 1834: 106 Millionen, oder 4⅓ Thlr.
pro Kopf, ist 1857 auf 358 Millionen oder 11 Thlr. pro Kopf
gestiegen. Die Ausfuhr 1834: 143 Millionen oder 5⅔ Thlr.
pro Kopf, hat sich im Jahre 1857 auf 353 Millionen oder
11 Thlr. pro Kopf erhöht. Die Fabrikateneinfuhr ist im gleichen
Zeitraum von 14 auf 41, die Fabrikatenausfuhr von 18 auf 190
Millionen gestiegen. 1200 Meilen Eisenbahnen, d. h. ein Kapital
von 500 Millionen Thaler, sind in der angegebenen Zeit geschaffen
worden, und in Preußen allein ist die Korrespondenz von 22 auf
82 Millionen Briefe, die Sparkasseneinlage von 11 auf 34 Millionen Thaler gestiegen!

Das letzte Dezennium der Geschichte des Vereins, so sehr
grade in diesem Industrie und Handel sich aufgeschwungen haben,
muß gleichwohl bezeichnet werden als die Zeit der Stagnation,
des Mangels an Bewegungsfähigkeit. Der Charakter der Zollkonferenzen ist Nichterledigen, Hinausschieben der Traktanden.
Die Streitigkeiten werden selten mehr zu einer gesunden Entscheidung gebracht; sie schleppen sich fort wie eiternde Geschwüre, und
im Hintergrunde steht vermehrter Widerwille, Drohung der Los-
reißung. Die gegen einander streitenden Tendenzen der Vereinsglieder finden keine Ausgleichung. Die Süddeutschen neigen sich
zur Zolleinigung mit Oesterreich. Auf der Konferenz zu Eisenach
im Jahre 1857 wurden sämmtliche acht Verhandlungs- und Streit-

objekte, welche vorlagen, unentschieden gelassen. Während die benachbarten Völker ihr kolossales Verkehrsleben durch die Unterstützung einer rationellen Gesetzgebung und energischen Verwaltung und Vertretung nach außen fördern, kann der Zollverein kaum die Materien erledigen, welche bis jetzt seiner Gesetzgebung und Verwaltung angehörten, und er ist unfähig, neue dringende Verkehrs- und Handelsinteressen, z. B. die Gesetzgebung über Eisenbahnen, Papiergeld u. s. w., an sich zu ziehen und zu befriedigen.

Die Ursache dieser Stabilität ist der Grundsatz der Einstimmigkeit, welcher für die Konferenzen der Bevollmächtigten gilt, ferner der Mangel an einem volksthümlichen Organ, welches die Regierungen treibt und schiebt. Zu gleicher Zeit wird immer unerträglicher das Verfahren der Gesetzgebung und Vertragsabschließung im Zollverein, durch welches die konstitutionelle Mitwirkung des Volkes an der Gesetzgebung faktisch aufgehoben wird.

Auf der erwähnten Eisenacher*) Zollkonferenz vom Jahre 1856—57 begegnen wir erstens einem geharnischten Angriff von Bayern, Baden und Würtemberg auf Preußen wegen Begünstigung von Türkischrothfärbereien. Preußen hatte sich nach dem Zollgesetze für berechtigt gehalten, das Garn gegen eine Durchgangsabgabe von 5 Sgr. auf Vereinsrechnung wieder ausgehen zu lassen. Nach einem lebhaften Kampf mit umfassenden Denkschriften mußte erklärt werden, daß in dieser Angelegenheit, über welche der Streit schon zehn Jahre dauerte, seit 1847, eine Verständigung nicht zu erlangen sei.

2. Preußen hatte die Tabacksfrage durch Vorlage eines Gesetzentwurfs wegen Besteuerung des inländischen Tabacks in Anregung gebracht und Folgendes entwickelt: der Taback als ein beliebtes und doch entbehrliches Genußmittel eigne sich zu einer höheren Besteuerung; dem steten Anwachsen der Staatsbedürfnisse gegenüber sei es nicht gerechtfertigt, einen Verbrauchsgegenstand, der in England 25 Sgr., in Frankreich 29¼ Sgr., in Oesterreich 13¼ Sgr., in Portugal und Spanien 20 Sgr. für den Kopf der Bevölkerung aufbringe, im Zollverein noch nicht 2 Sgr. für den Kopf eintragen zu lassen. Zur Zeit werde nur der Eingangszoll

*) Vergl. Bremer Handelsblatt 1857 Nr. 306.

6*

von Taback, der für rohe Blätter 4 Thlr., für Taback in Rollen
11 Thlr., für Cigarren und Schnupftaback 20 Thlr. pro Centner
betrage, für gemeinschaftliche Rechnung des Zollvereins erhoben.
Der inländische Taback werde nur von Preußen, Sachsen, Thürin=
gen, Braunschweig, Hannover und Oldenburg, und zwar überall
nach gleichen Sätzen besteuert; die Tabacksländereien seien nach
Kreisen in vier Klassen eingeschätzt, die 3, 4, 5, 6 Thlr. pro
Morgen geben, von 4½, 6, 7½ und 9 Centner Taback auf den
Morgen. Die Steuer betrage 20 Sgr. für den Centner, werde
nicht getheilt unter die genannten Staaten, die dagegen unter sich
freien Verkehr mit Taback haben. Der aus anderen Staaten in
die steuererhebenden übergehende Taback entrichte daher eine Ueber=
gangssteuer von 20 Sgr., deren Ertrag unter die Staaten des
Tabackssteuervereins vertheilt werde. Produzirt werden im Zoll=
verein jährlich gegen 600,000 Centner (Preußen 240,000, Bayern
129,000, Sachsen 2400, Würtemberg 3000, Hannover 13,000,
Baden 153,000, beide Hessen 39,000, Thüringen 9000), einge=
führt ca. 380,000 Centner fremden Tabacks, verbraucht im Ganzen
ungefähr eine Million Centner. Die Einführung des in Oester=
reich, Frankreich, Spanien, Portugal und einigen italienischen
Staaten bestehenden Tabacksmonopols (es bestand bis zum Jahre
1787 auch in Preußen) verwerfe die preußische Regierung wegen
der Nothwendigkeit, in Folge des Monopols den Tabacksbau den
lästigsten Formalitäten zu unterwerfen, die Fabrikation des Tabacks
und den Handel mit Taback zu verbieten, sowie wegen der Schwie=
rigkeit der Verwaltung der Tabacksregie und des Grenzschutzes
gegen das Einschleichen fremder Tabacke. Die jetzt im Zollverein
vorhandenen 2000 Tabacksfabriken müssen entschädigt werden, wie
dies in Oesterreich geschehen; die Regie könne nur zehn Tabacks=
manufakturen errichten zur Verminderung der Generalkosten;
Frankreich habe keine größere Anzahl. Die Folge der Fabrikation in
nur wenigen Anlagen sei Anhäufung zahlreicher Arbeiter an den
Fabrikorten, wohin die derzeitigen Tabacks= und Fabrikarbeiter
nur zum geringen Theil werden folgen können. Das Verbot der
privativen Tabacksfabrikation werde der Fabrikation zum Export,
die jetzt gegen 400 Mill. Stück jährlich ausführt, einen schweren
Schlag versetzen. Die Tabacksregie müsse endlich von Einer Be=

hörde verwaltet werden, und zwar von Einem Chef. Die bestehende Organisation des Vereins mache die Anstellung eines solchen Regiechefs unmöglich.

Auch eine Fabrikationssteuer ward von Preußen abgelehnt;
man erwartete von dieser Steuer eine Mehreinnahme von 10 Millionen Thaler oder für den Kopf der Bevölkerung des Zollvereins
etwa 10 Sgr. Durch die Preissteigerung in Folge der Steuer-
erhöhung werde aber der Verbrauch des Tabacks sich mindern.
Schlage man die Summen, welche jetzt von den Tabacksrauchern
im Zollverein für Taback und Cigarren verausgabt wird, auf
25 Millionen Thaler an, so lasse sich, wenn sie Netto 10 und
Brutto 11 Millionen mehr aufbringen sollen, nicht ohne Weiteres
annehmen, daß sie künftig statt 25 Millionen 36 ausgeben werden,
vielmehr sei es wahrscheinlich, daß die Ausgabe auf die Summe
von etwa 30 Millionen sich beschränken werde; mögen auch billigere
Sorten Taback und Cigarren geraucht werden, so sei doch eine
Verbrauchsabnahme zum fünften Theile des bisherigen Verbrauchs
sicher nicht zu hoch gegriffen. Wolle man nicht auf eine unstatt-
hafte Weise den Verbrauch der schlechteren Sorten Taback begün-
stigen und der inländischen Fabrikation einen unnatürlichen Schutz
gewähren, so müsse ein angemessenes Verhältniß stattfinden zwischen
der auf inländischen Taback, auf fremden Rohtaback und auf
fremde Fabrikate zu legenden Steuer. Aus diesen Gründen und
mit Rücksicht auf die Durchschnittspreise der fremden und inländischen Tabacke werden die fremden Rohtabacke nicht über 6 Thlr.,
die fremden fabrizirten Tabacke nicht über 11 Thlr. und ausländische Cigarren und Schnupftaback nicht über 17 Thlr. für den
Centner höher als der inländische Taback besteuert werden dürfen.
Die Nothwendigkeit eines solchen angemessenen Verhältnisses sei
in finanzieller Rücksicht unzweifelhaft, wenn erwogen werde, daß
das gegenwärtig im Tabackszoll, der für Rohtaback 4, Taback in
Rollen ꝛc. 11 und für Cigarren und Schnupftaback 20 Thlr. den
Centner betrage, bestehende Mißverhältniß bereits einen bedeutenden Einnahmeverlust herbeigeführt habe, indem die Einnahme von
Tabacksfabrikaten, Cigarren ꝛc. im Jahre 1851: 613,247 Thlr.,
1854 aber nur: 345,590 Thlr. betrug. — Um die jetzige Einnahme
von 2 Millionen Thaler zu erhalten, 1 Million vermehrter Auf-

sichtskosten und 10 Millionen reiner Meereinnahme zu gewinnen, seien künftig 13 Millionen Thaler aufzubringen; dies setze aber für den inländischen Taback eine Steuer von 14 Thlr. den Centner voraus; eine solche Steuer lasse sich mit der strengsten Kontrole und den schärfsten Strafen nicht halten. Die Erfahrungen in Frankreich unter der rigorösen Napoleonischen Verwaltung während des dortigen Bestehens der 1797 eingeführten Fabrikations- und Debitsteuer, ferner in Preußen und Würtemberg, wo die geringen nach Gewicht erhobenen Steuern von inländischem Taback 1828 aufgehoben wurden, beweisen dies, und es sei unrichtig, auf England hinzuweisen. England habe den inländischen Tabacksbau verboten, seine Seegrenze sichere besser als die Landgrenze des Zollvereins gegen Einschwärzung, und doch werde in England ein großartiger Schleichhandel mit fremdem Taback betrieben! Eine Steuer von 14 Thlrn. für inländischen Taback, der durchschnittlich 8 Thlr. kostet ein Zoll von 20 Thlr. für rohe Blätter und von 26 Thlr. für Fabrikate werde der kräftigsten und zahlreichsten Binnenkontrole und Grenzbewachung Trotz bieten. Habe doch die Tabacksteuer in Frankreich, die zu 37 Millionen Francs berechnet war, nur 14½ Million eingetragen, obschon Spezialgerichte gegen Kontrebandiers bestanden und gegen Schwärzer, die zu Dreien und mehr beraubten, Todesstrafe erkannt wurde! Die preußische Regierung gelange zu dem Vorschlage: eine und dieselbe Produktionssteuer für alle Tabacksländereien im ganzen Zollverein einzuführen, und zwar in der Höhe von 10 Thlr. für den Morgen zu 180 Quadratruthen, ferner den Zoll für den Centner fremden Rohtabacks auf 6 Thlr. zu erhöhen, und erwarte von der Ausführung dieser Vorschläge, welche den inländischen Taback mit 1 Thlr. 10 Sgr. den Centner belasten würde, eine jährliche Mehreinnahme von 1½ Million Thlr. — Die Produktionssteuer rechtfertige sich, da die Kultur der süddeutschen, niederrheinischen und uckermärkischen Tabacke so bedeutende Fortschritte gemacht habe, daß die Preise der besseren inländischen Tabacke sich den Preisen verzollter amerikanischer Blätter von mittlerer Güte nähern, solche selbst übertreffen: sie sei dann jedenfalls zu erhöhen, wenn nicht die Gesammteinnahme aus den Tabacksabgaben eine bestimmte Höhe erreiche. So weit die Motive Preußens.

Gegen diesen Vorschlag erhoben sich Bayern, Würtemberg, Baden und Kurhessen, die für das Tabacksmonopol von neuem in die Schranken traten, von dessen Einführung sie eine Mehr= einnahme von 12—13 Millionen Thlr. Netto erwarteten, nach Abzug von 2 Millionen jährlicher Rente und Amortisirung für das zur Expropriirung sämmtlicher bestehenden Fabriken erforder= liche Kapital; Sachsen und Meiningen, ingleichen Baden waren da= gegen, weil die Produktionssteuer und die Zollerhöhung zu wenig Ausbeute gewähren, erstere den inländischen Tabacksbau zu stark belasten, mithin vermindern, und den Nahrungsstand der Tabacks= bauern gefährden werde, überdem die Gleichheit der Steuer für alle Ländereien nicht zu empfehlen sei. — Baden hob hervor, daß seine Mehreinnahme höchstens 60,000 Thlr., die Mehrbelastung seiner Tabacksproduzenten dagegen 220,000 Thlr. betragen und auf den vieljährigen Absatz seiner Tabacksfabriken ins Ausland zu verzichten sein werde. Indessen waren Bayern, Würtemberg, Sachsen, Kurhessen, Großherzogthum Hessen, Thüringen, Olden= burg, Braunschweig, Nassau und Frankfurt doch im Ganzen ge= neigt, auf die preußischen Anträge näher einzugehen, wenn für den Export des inländischen Tabacks der volle Betrag der Steuer rückvergütet würde, auch eine Erhöhung des Zolls für fremde Fa= brikate, etwa auf 15 Thlr., und für Cigarren und Schnupftaback auf 24 Thlr. eintrete. Hannover dagegen erklärte sich unbedingt gegen jede Erhöhung des Eingangszolls für rohen Taback. Sonach war eine Verständigung nicht zu erreichen.

3. Der Zollrabatt für Weingroßhändler sollte nach dem An= trage von Bayern, Würtemberg, Baden, Hessen, Nassau und Frankfurt von 20 pCt., als unverhältnißmäßig hoch, auf 13¼ bis 15 pCt. herabgesetzt werden. Die Bevollmächtigten für Preußen, Sachsen, Hannover, Braunschweig und Oldenburg hielten indessen den gegenwärtigen Rabattsatz durchaus für erforderlich, um den norddeutschen Weinhandlungen die Konkurrenz mit den Hansestäd= ten zu ermöglichen, wo der Wein zollfrei eingehe; überdem sei, wie bemerkt ward, dem Weinhandel von Bremen durch die bei dem neusten Vertragsabschlusse stipulirte Befreiung der Bremer Wein= handlungsreisenden von der Gewerbesteuer im Zollverein ein neuer Vortheil in Aussicht gestellt. Auch diese seit Jahren schwebende

Frage blieb unerledigt. — Gleiches Schicksal hatte 4. der Antrag
von Würtemberg und Bayern, alle außerdeutschen Erzeugnisse, so
weit dieselben zum Verbrauch im Vereinsgebiet bestimmt, auch für
die Strecke von Emmerich bis Koblenz vom Rheinzoll zu befreien,
oder die vor dem Jahre 1831 bestandene Zollerhebung von allen
Waaren, welche in preußischen Rheinhäfen in freien Verkehr treten,
wieder herzustellen. Preußen opponirte.

5. Bayern und Baden wiederholten ihre Wünsche wegen
Ermäßigung der Uebergangsabgaben von den aus den südlichen
nach den nördlichen Vereinsstaaten übergehenden Wein, Traubenmost und Taback von resp. 25 Sgr. auf 7¼ Sgr., 20 Sgr. auf
5 Sgr., 20 Sgr. auf 16¼ Sgr. und für Schnupftaback um 25 pCt.
Würtemberg, Hessen, Nassau und Frankfurt traten unterstützend
bei, wogegen Preußen verneinte in dieser seit Jahren den Gegenstand lebhafter Klagen und Reklamationen der südlichen Vereinsstaaten bildenden Angelegenheit, weil die süddeutschen Regierungen
ihrerseits preußischen Anträgen, namentlich wegen Ermäßigung der
Eisenzölle sich widersetzten! — Abgelehnt mußten 6. werden die säch-
sisch-bayrisch-würtembergisch und badenschen Anträge auf veränderte
Tarifirung der Gespinnste und Gewebe, die besonders zur Fortbildung des Handelsvertrages mit Oesterreich vom 19. Februar
1853 zu wünschen sind. Preußen, Hannover und Oldenburg
waren anderer Ansicht. Diese drei Staaten drangen lebhaft auf
die endliche, schon oft empfohlene Ermäßigung der Eisenzölle und
entwickelten, daß der gesammte Roheisenverbrauch, betragend 10¼
Million Centner, gegen 1852, um 2,759,000 Centner gestiegen
sei seit 1854, oder um 36 pCt., während in derselben Zeit die
Bevölkerung des Vereins sich nur von 29,800,000 auf 32,559,000
Seelen, also noch nicht um 10 pCt. vermehrt habe. Die inländische
Eisenproduktion sei gestiegen von 5,137,821 Centner 1852 auf
7,312,600 Centner 1854, enthalte also eine Garantie für die
weitere Entwickelung der vereinsländischen Eisenerzeugung, fordere
aber auch angelegentlichst auf zur Berücksichtigung der Interessen
der Eisenverbraucher. Auch andere Staaten müßten diesen Gesichtspunkt zu würdigen. Oesterreich sei im Laufe von fünf Jahren von dem Verbot der Eiseneinfuhr zu Zollsätzen von 8 Sgr.
für Roheisen und von 1 Thlr. 10 Sgr. für Stabeisen übergegan-

gen. Frankreich habe die Zölle für Roheisen von 28 Sgr. auf 16 Sgr., für Stabeisen von 2 Thlr. 12 Sgr., 3 Thlr. 18 Sgr. und 5 Thlr. ermäßigt auf 1 Thlr. 10 Sgr., 1 Thlr. 18 Sgr. und 1 Thlr. 26 Sgr. In Belgien werde eine Herabsetzung der Eisenzölle vorbereitet. Bayern, Würtemberg, Baden, Kurhessen widersetzten sich dem Verlangen der drei norddeutschen Staaten, ersteres, weil Preußen gegen Ermäßigung der Uebergangsabgaben für Wein ꝛc. sich erkläre! — 7. Preußen verlangte Herabsetzung des Syrupzolls auf 3½ Thlr. statt der jetzigen beiden Sätze von 4 und 2 Thlr.; alle übrigen traten bei, Hannover und Oldenburg protestirten, weil dort weit mehr Syrup eingeführt und verbraucht werde, als in allen übrigen Zollvereinsstaaten zusammen, 1855: 35,266 Centner gegen 23,955 Centner im übrigen Zollverein. — 8. Oldenburg, Sachsen, Hannover, Kurhessen, Thüringen, Braunschweig und Frankfurt beantragten gänzliche Aufhebung der Durchgangsabgaben, an deren Stelle eine Ausgangsabgabe von ¼ Sgr. für den Centner treten solle. Der Konkurrenz der norddeutschen Häfen mit den französischen, belgischen und niederländischen Häfen stellten sich durch die fortwährend sich mehrenden Eisenbahnverbindungen immer neue Schwierigkeiten vermöge der Durchgangsabgaben in den Weg. Die übrigen Bevollmächtigten erklärten, daß dem Antrage theils finanzielle, theils internationale Bedenken entgegenständen, welche eine so weit gehende Maßregel wenigstens für jetzt nicht rathsam erscheinen ließen.

Geeinigt haben sich die Bevollmächtigten nur über eine Verbesserung der Kommerzialstatistik, deren in die Augen fallende Mängel endlich eingesehen worden sind, so wie über die zollfreie Zulassung von Reis, zur Verarbeitung in Reis-Schäl- und Mahlmühlen; doch nein, auch gegen diesen Antrag, der von Hannover ausging, welches die Unmöglichkeit darlegte, daß im Zollverein derartige Mühlen entstehen, so lange man sich nicht über eine Modalität vereinige, welche den Unternehmern gestatte, den rohen Reis zollfrei einzuführen und erst das aus den Mühlen ausgehende Fabrikat zu verzollen, — und dem alle übrigen sich anschlossen, ward von Bayern Widerspruch erhoben und in der Konferenz war eine Einigung nicht zu erzielen. — Erst später auf dem Korrespondenzwege ist solche erreicht worden.

Diese Konferenz giebt uns ein Bild von der Verfassung des Zollvereins und von dem Verhältniß der Vereinsglieder unter einander. Die widerstrebenden Tendenzen finden keine Ausgleichung durch Majoritätsbeschlüsse. Der Gegensatz besonders zwischen den nord= und süddeutschen Vereinsgliedern tritt, zumal seit dem Vertrage mit Oesterreich, immer schärfer hervor. Folgende Aeußerung der „Wiener Presse" machte 1859 ihren Weg durch die meisten deutschen Blätter: „Die Berathungen in der bayrischen Kammer zeigen, daß die bayrische Regierung den handelspolitischen Absichten Preußens widerstrebt, und näher als je rückt uns der Gedanke, daß Oesterreich mit Süddeutschland ein vereinigtes Zollgebiet, gegenüber einem von Preußen neu zu konstruirenden norddeutschen Zollverein, zu bilden weit größere Aussicht hat, als die Zolleinigung mit dem alten Zollverein zu ermöglichen." Sollte das Projekt einer solchen Einigung Oesterreichs mit Süddeutschland sich verwirklichen, so würde ein so gebildeter österreichisch-süddeutscher Verein mehr den schutzzöllnerischen und das zollvereinte Norddeutschland einen freihändlerischen Charakter an sich tragen.

Die Anträge Preußens auf allmälige Herabsetzung der Eisenzölle scheiterten 1859 auf der Generalkonferenz des Zollvereins an dem Widerspruch der süddeutschen Staaten (Bayern, Würtemberg, Baden, Hessen, Frankfurt und Nassau). Bemerkenswerth ist, daß der Grund dieses Widerspruchs nicht etwa in der ängstlichen Sorge für die Eisenproduktion lag, sondern darin, daß Preußen nicht auf Gegenkonzessionen, welche die süddeutschen Staaten als Preis für ihre Zustimmung zur Herabsetzung der Eisenzölle verlangten, eingehen wollte! Die genannten Staaten wollten nämlich auf den Antrag nur eingehen, wenn gleichzeitig seitens Preußens und der betreffenden anderen Staaten auf eine Abschaffung der noch innerhalb des Zollvereinsgebietes unter dem Titel „Uebergangsabgabe" für Wein u. s. w. bestehenden, die Wein produzirenden süddeutschen Staaten zu Gunsten der übrigen belastenden Binnenzölle eingegangen werde. Dieser Gegenvorschlag wurde verworfen, und die Süddeutschen stimmten einer Herabsetzung des Eisenzolles nicht bei. Hätte jeder Staat das Interesse der Gesammtheit, das Interesse einer gesunden wirth-

schaftlichen Entwicklung im Auge, so würde die geforderte Einstimmigkeit für alle Beschlüsse der Konferenz ein Hinderniß ge-
deihlicher Entwicklung auf die Dauer nicht sein. Wenn aber jeder
Staat für seine Zustimmung zu einer im allgemeinen Interesse
vorgeschlagenen Reform, auch wenn sie der eignen Bevölkerung
vortheilhaft ist, sofort einen Preis verlangt, so kann aus den
Zollvereinsverhandlungen für die Entwicklung der Gesammtheit
nichts Ersprießliches hervorgehen. Im vorliegenden Falle verlangte Preußen eine Reform, für welche seine östlichen, gegen
welche seine westlichen Provinzen sehr stark interessirt sind, es
verlangte sie im Interesse des Ganzen, damit die industrielle Thätigkeit im Zollverein durch wohlfeiles Eisen zu kräftiger Entfal-
tung gebracht würde, es verlangte sie im Interesse der Gerechtig-
keit, welche es verdammt, daß der Staat dem Einen das Geld
nimmt, um es dem Andern in die Tasche zu stecken. Es unterliegt keinem Zweifel, daß, so gut wie die östlichen Provinzen Preußens, auch die süddeutschen Staaten größtentheils das Interesse
der Eisenverbraucher vertreten und nicht etwa, wie Nassau oder
die Eisenproduktionsdistrikte in den westlichen Provinzen Preußens,
einen Vortheil darin sehen können, durch künstliche Vertheuerung
des Eisens aus dem übrigen Zollvereinsgebiete Kapital in ihr
Land zu ziehen. Thatsächlich wurden auch von ihnen prinzipielle
Einwände nicht erhoben. Die Uebergangsabgabe, deren Aufhebung als Preis der Einstimmung gefordert wurde, gehört in das
preußische Steuersystem, sie bildet eine Ergänzung der preußischen
Moststeuer, welche mit der Uebergangsabgabe ebenfalls herabgesetzt
werden müßte, wenn Preußen nicht durch höhere Besteuerung
seiner inländischen Weine die süddeutschen Weinproduzenten auf
Kosten der eignen bevorzugen will. Die Aufhebung der Uebergangsabgabe bedarf also einer Reform der gesammten Weinbesteuerung in Preußen, und wenn eine Reform auch dringend ge-
wünscht werden muß, so rechtfertigt es sich doch nicht, die Eisenverbraucher des ganzen Zollvereins unter einer schweren Last deshalb seufzen zu lassen, weil Preußen ein theilweises Aufgeben der
Einnahmen aus der Weinbesteuerung nicht mit seinen finanziellen
Bedürfnissen vereinbaren zu können glaubt.

Wie Preußen übrigens in der letzteren Zeit wieder in eine

beſſere Bahn einlenkt, beweiſt auch der Umſtand, daß unterm 16. März 1859 der preußiſche Handelsminiſter ein Cirkularreſcript an die Handelskammern und kaufmänniſchen Korporationen erließ, in welchem er dieſelben zur gutachtlichen Aeußerung über die Herabſetzung des Zolles für ungebleichtes ein= und zweibrähtiges Baumwollengarn von 3 auf 2 Thlr. aufforbert. Die amtliche Motivirung des Vorſchlages geht davon aus, daß der am 1. Ja= nuar 1847 eingetretenen Erhöhung des Zolles für Twiſt und Watten von 2 auf 3 Thlr. die Abſicht zu Grunde gelegen habe, für die inländiſchen Spinnereien den Nachtheil auszugleichen, in welchen ſich dieſelben durch die kurz vorher erfolgte Aufhebung des Eingangszolles für rohe Baumwolle in Großbritannien den britiſchen Spinnereien gegenüber verſetzt ſahen, und auf dieſem Wege den Schutz aufrecht zu erhalten, welchen ſie gegen die Kon= kurrenz der letzteren bis dahin genoſſen hatten; die Wirkung der Zollerhöhung habe ſich auf die Spinnereien des Zollvereins kaum merklich gemacht. Im Laufe der letzten Jahre habe indeſſen die inländiſche Spinnerei unverkennbar einen lebhaften Aufſchwung genommen. Dieſer laſſe ſich deutlich aus der Zunahme des Ver= brauchs roher Baumwolle erkennen, während die Verkehrsſtatiſtik zugleich ergebe, daß gleichzeitig eine, wenngleich nicht eben ſo ſtarke Zunahme des Antheils der inländiſchen Produktion an der Deckung des inländiſchen Garnbedarfs ſtattgefunden habe.

Es war im Zollverein:

Im Durchſchnitt der Jahre.	Baumwoll= verbrauch. Ctr.	Garnverbrauch,		pCt.
		im Ganzen. Ctr.	davon inlän= diſchen Garnes. Ctr.	
1834—36	117,139	349,958	81,997	23,5
1837—39	173,593	470,706	121,515	25,8
1840—42	242,720	617,615	169,904	27,5
1843—45	304,634	670,833	213,244	31,8
1846—48	301,771	667,193	211,240	31,7
1849—51 . , . .	398,328	780,872	278,825	35,7
1852—54	568,352	891,169	397,847	44,6
1855—57	750,758	1,061,098	525,530	49,5

Wenn die Mengen des inländischen und ausländischen Garns in der Periode 1834—36 gleich 100 gesetzt werden, so ist die Menge des inländischen Garns in den jedesmaligen dreijährigen Perioden auf 148, 207, 260, 258, 340, 485, und 1855—57 auf 641 gestiegen, die des ausländischen dagegen nur auf 130, 167, 171, 170, 187, 184 und 199. In den letzten sechs Jahren hat sich die inländische Garnproduktion fast verdoppelt, die Einfuhr ausländischen Garns nur unerheblich zugenommen. Zugleich hat die Erfahrung gelehrt, daß gut eingerichtete und zweckmäßig geleitete Spinnereien den Unternehmern einen vollkommen angemessenen Nutzen gewähren. „Bei solcher Lage der Verhältnisse," fährt das Cirkularreskript fort, „hat die Staatsregierung schon seit längerer Zeit der Frage ihre Aufmerksamkeit zugewandt, ob es sich nicht empfehle, den der Spinnerei gewährten Schutz durch Zurückführung des bestehenden Zollsatzes (3 Thlr.) auf den bis zum Jahre 1847 gültig gewesenen Betrag (2 Thlr.) zu vermindern. Die inländische Baumwollweberei ist bekanntlich seit langer Zeit für den Absatz eines namhaften Theils ihrer Erzeugnisse auf die Märkte des Auslandes angewiesen, und sie hat auf diesen Märkten insbesondere mit der britischen Industrie zu konkurriren. Daß ihr diese Konkurrenz durch die Erhöhung des Eingangszolles für Baumwollengarn werde erschwert werden, ist bei den dieser Erhöhung vorausgegangenen Berathungen nicht verkannt worden. Die seitdem gemachten Erfahrungen haben diese Besorgnisse bestätigt und eine Erleichterung der Konkurrenz als dringend wünschenswerth herausgestellt. Wenn damals die Rücksicht auf die Weberei durch das Interesse überwogen wurde, welches für die ungeschmälerte Aufrechthaltung des der Spinnerei bis dahin gewährten Schutzes sprach, so wird gegenwärtig unter wesentlich anderen Verhältnissen jene Rücksicht um so mehr die vollste Beachtung verdienen, als es sich dabei um einen der wichtigsten einheimischen Industriezweige handelt. Dieser Industriezweig, soweit er ein selbstständiges Gewerbe bildet, ist noch immer auf den Bezug von Garn aus dem Auslande angewiesen. Die Mehrzahl der großen inländischen Spinnereien ist mit mechanischen Webereien verbunden, welche die Garnproduktion der Spinnerei vollständig oder doch zum größten Theile verarbeiten, und es muß daher die

selbstständige Weberei, namentlich von bunten und gemischten
Waaren, das benöthigte Garn nach wie vor aus dem Auslande
beziehen. Gerade diese Waaren sind es aber, welche neben den
Strumpfwaaren den hauptsächlichen Gegenstand der Ausfuhr
bilden."

Die Fortschritte des Vereins.

Je näher wir unserer Zeit rücken, desto mehr finden wir die
freihändlerische Agitation von Erfolgen begleitet. Die volkswirthschaftlichen Kongresse, die Presse, die dadurch geleitete öffentliche
Meinung ringen dem alten Systeme immer mehr Konzessionen ab.
Das Jahr 1861 ist für Deutschland in volkswirthschaftlicher Beziehung ein höchst wichtiges. Unter den erfreulichen Erscheinungen,
die nicht direkt den Zollverein betreffen, aber doch mittelbar auf
seinen Verkehr und seine Industrie einwirken, erwähnen wir zuerst, daß die gewerbfreiheitliche Idee in diesem Jahre Siege er-
fochten hat, wie nie zuvor. Bremen, Oldenburg, Sachsen, Baden,
Würtemberg u. s. w. folgen sich einander mit der Einführung einer
gewerbfreiheitlichen Gesetzgebung; die thüringschen Staaten sehen
wir mitten in der Reform begriffen. Nur Bayern und Hannover
widerstreben noch. An die Stelle der ihres Bodens beraubten
Zünfte breitet sich das Genossenschaftswesen aus. Das deutsche
Handelsgesetzbuch ist zum Abschluß gediehen. Den regelmäßigen
Versammlungen des landwirthschaftlichen Kongresses und der von
ihm angeregten engen Gesellschaften reihte sich in diesem Jahre
eine Versammlung von Vertretern der deutschen Handelskörper-
schaften, der deutsche Handelstag in Heidelberg, an. Die Frage,
ob wir noch länger unter der verderblichen Mannigfaltigkeit unserer Münz-, Maß- und Gewichtssysteme leiden sollen, kam ihrer

Lösung im Sinne der Herstellung einer Einheit wenigstens etwas
näher. Der deutsche Binnen=, und wenn wir an die Ablösung
des Staber Zolles denken, auch der deutsche Seeverkehr, wurde
von lästigen Fesseln befreit; die Ermäßigung der Rheinzölle er=
weckte die Hoffnung auf die ersprießliche Wiederbelebung der alten
Transitstraße.

Den Zollverein unmittelbar betrifft die Aufhebung der Durch=
fuhrzölle, womit wir über Nacht gleichzeitig mit der Ermäßigung
der Rheinzölle überrascht wurden.

Die Durchfuhrzölle verwiesen den Waarendurchzug auf die
freien Straßen außerhalb des Zollvereins. Auch die einträglich=
sten Ausgangszölle (auf Baumwolle, rohe Häute) waren nur eine
andere Form der Erhebung von Durchfuhrzöllen. Daher wies
jedes Jahr einen größeren Minderertrag der Durchfuhrzölle auf.

Die Karlsruher Handelskammer sprach sich 1858 in ihrem
Bericht mit Befriedigung über die Bemühungen der Regierungen
aus, den volkswirthschaftlichen Interessen volle Rechnung zu tra=
gen, schloß aber mit den Worten:

„So erfreulich diese Thatsachen sprechen, so beklagenswerth
sind doch manche Mißstände, die unter den deutschen Regierungen
und im Schooße des Zollvereins noch nicht ihre so wünschens=
werthe Erledigung finden konnten. Wir verweisen hier haupt=
sächlich auf das hohe Rheinoktroy, das der vollständigen Entwick=
lung des Verkehrs auf der schönsten unserer Wasserstraßen so
hindernd in den Weg tritt. Vergebens waren bisher die Be=
mühungen des großherzoglichen Finanzministeriums für Abschaffung
oder Ermäßigung dieser lästigen Abgabe; sie scheiterten an der
Hartnäckigkeit einiger deutschen Regierungen, welche diese als Fi=
nanzquelle betrachten, ohne zu berücksichtigen, welche große Nach=
theile dadurch ihren eigenen Unterthanen und Deutschland zuge=
fügt werden.

„In gleicher Weise verhält es sich mit dem Transitzoll, der
zum Nachtheil der deutschen Seestädte und der deutschen Schienen=
wege den Transitverkehr belastet. Die Folgen davon sind, daß
der große Verkehr zu Wasser wie zu Lande sich immer mehr den
französischen Bahnen zuwendet.

„Wenn wir daher den Güterverkehr auf den französischen

Bahnen von Havre über Paris nach Straßburg, beziehungsweise Mühlhausen stets anwachsen sehen, wenn wir das Emporkommen Havres betrachten, das immer mehr zum Stapelplatz überseeischer Produkte gewählt wird, weil die Frachten von da nach dem südwestlichen Deutschland und der Schweiz sich wegen des hohen Rheinoktrohs und des Transitzolls billiger stellen, als über die deutschen Seehäfen und über Rotterdam, so verdanken unsere Nachbarn diese für sie günstigen Verhältnisse nicht etwa der Fürsorge ihrer eignen Regierung, sondern der Uneinigkeit der deutschen Regierungen, welche sich über diese so tief einschneidenden Fragen leider noch nicht verständigen konnten.

„Wie lange diese Zustände noch andauern werden, vermögen wir nicht vorauszusehen; so viel aber ist gewiß, daß, wenn nicht baldige Abhülfe geschieht, die Nachtheile für Deutschland immer schreiender sich herausstellen werden.

„Wir wollen daher nicht ermüden auf diese hinzuweisen, und mit der Hoffnung schließen, daß, nachdem für Deutschlands Wohlfahrt in materieller Beziehung in den letzten Jahren so Vieles geschehen, es gelingen möchte, auch diese Mißstände zu beseitigen."

Nach den Kommerzialübersichten für das Jahr 1856 wurden von der Gesammteinnahme an Durchfuhrzöllen von 381,165 Thlr. erhoben:

a) zu allgemeinen Sätzen, ohne Rücksicht auf die Route . . . . 25,231 Thlr., worunter von Heringen zu 3 Sgr. 9 Pf. pr. Tonne 11,802 Thlr., von dem Transit nach und aus Oesterreich zu 3¼ Sgr. pr. Ctr. 11,420 Thlr.;

b) von dem Transit rechts der Oder aus und nach Rußland und Polen . . . . . 98,070 „ und zwar von verschiedenen Waaren zu 3¼ Sgr. vom Centner 82,734 Thlr. und von Transitsalz zu 1 Sgr. pr. Ctr. 15,162 Thlr.;

c) von dem Transit durch die Odermündungen und links der Oder, mit Aus-

schluß des südwestlichen Transits über
die Grenze zwischen Rhein und Donau 223,382 Thlr.
worunter zu 5 Sgr. pr. Ctr. 23,652
Thlr., zu 3½ Sgr. pr. Ctr. (aus und
nach Oesterreich) 199,719 Thlr.;

d) von dem Transit über die Grenzlinie
Saarbrücken-Donau, sodann rheinwärts
und über Mittenwald-Donau, so wie
Saarbrücken-Neuburg   13,407   „
worunter rheinwärts und über die
Grenzlinie Mittenwald-Donau zu 2½
Sgr. pr. Ctr. 11,426 Thlr.;

e) von dem Transit aus und nach Belgien
zu ermäßigten Sätzen   6,871   „
worunter bei der Durchfahrt über die
Grenzlinie Neuburg-Mittenwalde vermittelst der rheinischen Eisenbahn zu
7½ Pf. pr. Ctr. 2,118 Thlr., vom
belgisch-österreichischen Transit zu 3½
Sgr. pr. Ctr. 1,538 Thlr., ferner zu
dem Satz von ⅓ Kreuzer pr. Centner
2,170 Thlr. u. s. w.;

f) von der Durchfuhr auf kurzen Straßen-
strecken   10,256   „
von welchen auf Hannover 5,663 Thlr.,
Preußen 1,891 Thlr., Bayern 1,806
Thlr. kommen.

Die Hauptlast der Transitzölle ruhte mithin auf der Waarendurchfuhr zwischen den deutschen Nord- und Ostseehäfen einerseits
und Rußland, Oesterreich und der Schweiz andererseits, welche
vorwiegend durch die Eisenbahnen vermittelt wird, während die
Waarendurchfuhr aus Holland, Belgien und Frankreich nach der
Schweiz und Oesterreich die Begünstigung mäßiger Transitabgaben
oder die Transitzollfreiheit auf der Wasserstraße des Rheins genoß.

Die Durchfuhrzölle des Zollvereins bildeten in Oesterreich
nicht minder, als an der Weser und Elbe den Gegenstand viel-
facher Beschwerden. Die Oesterreich gegenüber bestehenden Be-

stimmungen hinsichtlich der Erhebungen der vereinsländischen Durchfuhrzölle waren im Art. 5 des Zoll- und Handelsvertrages vom
19. Februar 1853 näher bezeichnet. Hiernach wurden von Waaren,
welche vom Auslande durch das eine Zollgebiet nach dem andern,
oder umgekehrt, ohne Berührung dazwischen liegenden Auslandes,
transitirten, bei ein- und ausgangszollfreien Artikeln keine Durchgangsabgaben, in allen anderen Fällen dagegen keine anderen, als
die zur Zeit des Vertragsabschlusses bestehenden Durchgangsabgaben, höchstens jedoch 3⅓ Sgr. vom Centner erhoben. Außerdem blieben die im Zwischenverkehr zollfreien Waaren, welche aus
dem einen Zollgebiet, ohne Berührung dazwischen liegenden Auslandes, durch das andere Gebiet nach dem Auslande durchgeführt
wurden, auch von Durchgangsabgaben befreit. Diese Bestimmungen konnten nicht verfehlen, einen günstigen Einfluß auf den Verkehr zwischen Oesterreich und dem Zollverein zu äußern. Da der
Kaiserstaat jedoch mit einem großen Theil seiner überseeischen
Verbindungen auf die Häfen der Nordsee angewiesen ist, so war
es leicht erklärlich, weßhalb die österreichische Regierung ein großes
Gewicht auf die Verminderung, resp. Aufhebung der Durchgangsabgaben des Zollvereins legte und keinen Anlaß vorübergehen
ließ, um seine desfallsigen Wünsche an die Zollvereinsregierungen
gelangen zu lassen. Nachdem Preußen für die Aufhebung sich entschieden hatte, wurde diese dadurch in die Ferne gerückt, daß die
süddeutschen Regierungen ihre Zustimmung von der Aufhebung der
Rheinzölle abhängig machten, bei welcher mancherlei privat- und
staatsrechtliche Gesichtspunkte in Frage kamen, welche die Erledigung dieser Angelegenheit hinausschoben. Die von den Süddeutschen gestellte Bedingung war unter diesen Umständen nicht gerechtfertigt, da sie mittelst der Aufrechterhaltung der Transitzölle
keine Pression auf die Rheinuferstaaten, welche darunter von
sämmtlichen Zollvereinsstaaten am wenigsten zu leiden hatten, aus-
üben konnten. Das Jahr 1861 überraschte indessen mit der Ermäßigung der Rheinzölle und mit der Aufhebung der Durchfuhrzölle. Auf der Konferenz zu Karlsruhe wurde beschlossen: „Die
Durchgangsabgaben, so wie die in Stelle derselben zur Erhebung
gelangenden Ausgangsabgaben werden aufgehoben." In dem dem
preußischen Abgeordnetenhause vorgelegten Gesetzentwurfe heißt es:

„Das damit für Preußen verbundene finanzielle Opfer ist nicht unbeträchtlich. Preußens Antheil hat betragen:

a) an den Durchgangsabgaben im Jahre 1857: 279,489 Thlr., 1858: 278,246 Thlr., 1859: 309,855 Thlr., zusammen 867,590 Thlr., mithin durchschnittlich 289,197 Thaler;

b) an den Ausgangszöllen, welche die Stelle der Durchgangsabgaben vertreten, im Jahre 1857: 37,344 Thlr., 1858: 33,544 Thlr., 1859: 37,033 Thlr., zusammen 107,921 Thlr., mithin durchschnittlich 35,974 Thlr.;

im Ganzen daher im Durchschnitt der Jahre 1857 bis 1859 325,171 Thlr.

„Die Aufhebung der Durchgangsabgaben wird indeß unzweifelhaft den Transitverkehr steigern, sie wird damit unserm Handel, unserer Rhederei, unserm Landtransportbetriebe einen neuen Aufschwung verleihen, sie wird insbesondere eine erhebliche Vermehrung des Gütertransports auf den Eisenbahnen zur Folge haben und zwar gerade auf denjenigen, die sich im Besitze des Staates befinden oder an deren Einnahme doch die Staatskasse unmittelbar Antheil hat. Es dürfte daher sowohl direkt als indirekt durch Vermehrung der Steuerkraft in den beim Durchgangsverkehr interessirten Gewerben der Staatskasse wenigstens theilweise und mit der Zeit einiger Ersatz für den Ausfall an Zolleinnahmen gewährt werden."

Im Jahre 1861 fand auch durch die Uebereinkunft vom 25. April ein prinzipieller Bruch mit der bisherigen Gesetzgebung über die Zuckersteuer statt.

Als der Zollverein gegründet wurde,*) war die Rübenzuckerproduktion noch gleich Null. Erst von 1836 an existiren bestimmte Angaben über ihre Ausdehnung. In Preußen war vor dem Zollverein der Tarifsatz für Raffinade von 1822—31 10 Thlr. pro Ctr., von 1832 an 11 Thlr.; für Rohzucker zum Konsum 8 Thlr. (halb Gold), von 1832 an 11 Thlr.; für Rohzucker für Siedereien und für Syrup 4 Thlr. (halb Gold), von 1832 an 5 Thlr.

---

*) Vgl. den unter die Mitglieder des Kongresses zu Stuttgart vertheilten Bericht über die Zuckerfrage.

Diese Sätze dauerten Anfangs im Zollverein fort. Zunächst ward
geändert der Satz für Rohzucker zum Konsum, welcher von 1837
an wieder auf 9 Thlr. und im Jahre 1842 auf 8 Thlr. herabgesetzt wurde; weiter wurde von 1840 an der Satz für Raffinade
auf 10 Thlr. und der für Syrup auf 4 Thlr. herabgesetzt. Im
Wesentlichen blieben also die Zollsätze, wie sie vor dem Zollverein
in Preußen bestanden. Die inländischen Raffinerien genossen einen
enormen Zollschutz von 6 resp. 5 Thlr. Die Folge war eine
konstante Abnahme der Einfuhr von Raffinade, und eine entsprechende Zunahme der Einfuhr von Rohzucker für die Siedereien;
die erstere sank von 1822—31 von ca. 35,500 (35,629) Ctr.
auf ca. 20,000 (20,375) Ctr., von 1832—39 unterlag sie zum
Theil erheblichen Schwankungen von ca. 3,500 bis 40,000 Ctr.,
von 1840 an machte dann die Abnahme wieder ihre fast regelmäßigen Fortschritte, so daß 1853 nur noch eine Einfuhr von
ca. 1,300 (1,289) Ctr. stattfand. Die Einfuhr von Rohzucker für
die inländischen Raffinerien dagegen stieg von 1822—30 von ca.
119,000 (118,813) Ctr. auf 430,000 (429,388) Ctr.; in den
nächstfolgenden Jahren unterlag sie gleichfalls erheblichen Schwankungen, hob sich aber bis zum Jahre 1839 auf ca. 1,130,000
(1,133,760) Ctr. Ihren Höhepunkt erreichte sie mit ca. 1,410,000
(1,410,701) Ctr. im Jahre 1847, und sank seitdem unter dem
Einflusse der immer stärker sich entwickelnden Rübenzuckerproduktion. Die Einfuhr von Rohzucker zur Konsumtion war immer
höchst unbedeutend und bewegte sich nur in den zwanziger Jahren
in Tausenden von Centnern, während sie später immer nur Hunderte betrug. — Die Einfuhr von Syrup unterlag sehr unregel-
mäßigen Schwankungen; 1831 erreichte sie mit ca. 131,000
(131,996) Ctr. ihren Höhepunkt und sank seitdem auf Zehntau-
sende, Tausende und selbst Hunderte.

Die Zahl der Raffinerien, welche ausländischen Zucker verarbeiteten, erreichte in Preußen ihren Höhepunkt im Jahre 1847,
wo sie 78 betrug; seitdem zeigte sich in Preußen wie auch im
übrigen Zollverein (über welchen erst seit 1842 genügende Notizen
vorliegen) eine konstante Abnahme; im ganzen Zollverein betrug
ihre Zahl im Jahre 1842: 85, im Jahre 1847 (dem Höhepunkt
der Einfuhr von Rohzucker für Raffinerien) nur 66, und im

Jahre 1853 nur 37 (von denen aber manche gleichfalls schon ganz zur Verarbeitung von Rübenzucker übergegangen waren). Der Zollschutz der Raffinerien kam also selbst in derselben Zeit, wo er durch den Zollschutz des Rübenzuckers noch nicht illusorisch gemacht wurde, immer mehr nur einer beschränkten Anzahl von Etablissements zu Gute.

Auf dem Zollschutz nun, welchen die Raffinerien genossen, basirte in der Hauptsache der Zollschutz der Rübenzuckerfabriken. Denn der Zollschutz der Raffinerien bewirkte nicht nur den fast gänzlichen Ausschluß der ausländischen Raffinade, sondern auch den noch vollständigeren Ausschluß des indischen Rohzuckers von der Konsumtion im Zollverein. Die Rübenzuckerfabriken im Zoll= verein hatten demnach weder mit der ausländischen Raffinade noch mit dem indischen Rohzucker bei den Konsumenten zu konkurri= ren, sondern nur mit dem indischen Rohzucker bei den Raffi= nerien; denn erst in den letzten Jahren ist es dahin gekommen, daß auch der Rübenzucker, ohne den eigentlichen Prozeß des Raffi= nirens durchzumachen, in erheblichen Quantitäten zur Konsumtion gelangt. Der Zollverein hat durch seine Zoll= und Steuergesetz= gebung — im Anschluß an die frühere preußische — seine Be= wohner gezwungen, die theurere Raffinade zu konsumiren, statt des wohlfeileren indischen Rohzuckers, der in England die bei weitem überwiegende Menge der gesammten Zuckerkonsumtion bil= det. Der Zollverein hat damit seine Bewohner zu erhöhten Aus= gaben für ihren Zuckerverbrauch genöthigt, und damit den Zucker= verbrauch selbst relativ erheblich eingeschränkt. Der Zollverein hat dies gethan, zunächst um die inländischen Raffinerien zu „schützen"; aber unter diesem Schutz erwuchs den Raffinerien in der Rübenzuckerproduktion der ärgste Gegner — ein Gegner, den sie um so weniger mit Gründen zu bekämpfen im Stande waren, je weniger stichhaltige Gründe sich für den „Schutz" der Raffi= nerien selbst anführen ließen.

Wie schon erwähnt, datiren die ersten offiziellen und genauen Angaben über die Rübenzuckerfabrikation im Zollverein von der Campagne 1836—37; damals bestanden in Preußen 90, im ge= sammten Zollverein 132 Fabriken, welche zusammen wenig über 500,000 (506,923) Ctr. Rüben verarbeiteten, so daß jede Fabrik im Durchschnitt noch nicht 4,000 (3,840) Ctr. Rüben verarbeitete, während z. B. in der Campagne 1858—59 jede der 251 Fabriken im Durchschnitt über 145,000 (146,089) Ctr. verarbeitete, so daß der durchschnittliche Produktionsumfang jeder Fabrik auf das 38fache gegen die Campagne 1836—37 gestiegen ist. Schon damals indessen zeigte sich die Unmöglichkeit eines rentablen Betriebes auf Grund eines so geringen Betriebsumfanges — selbst trotz des enormen Zollschutzes, den die Rübenzuckerfabriken genossen, indem sie gänzlich unbesteuert blieben, während ausländischer Rohzucker für die Siedereien 5 Thlr. pro Ctr. zahlte.

Während die Menge der verarbeiteten Rüben in den nächsten Jahren fortwährend stieg, so daß sie in der Campagne 1841—42 über 5 Mill. (5,131,516) Ctr. betrug, sank die Zahl der Fabriken, nachdem sie inzwischen schon auf 159 gestiegen war, wieder auf 136, so daß also die zehnfach größere Quantität von einer nur um 4 vermehrten Zahl Fabriken verarbeitet wurde, und auf jede Fabrik im Durchschnitt ein Quantum von ca. 37,500 (37,731) Ctr. Rüben kam, d. h. ungefähr ein Viertel von dem Quantum, welches gegenwärtig von jeder Fabrik im Durchschnitt verarbeitet wird.

Das enorme Wachsthum der Rübenzuckerproduktion führte endlich, bei der Erneuerung der Zollvereinsverträge auf die Zeit von 1841—53, zu der Einführung einer Rübenzuckersteuer vermittelst des Vertrages vom 8. Mai 1841 (nachdem bereits vom 1. September 1840 bis dahin 1841 eine Kontrolabgabe von ¼ Sgr. pro Ctr. Rüben bestanden hatte).

Die Bestimmungen jenes Vertrages sind in doppelter Beziehung von besonderer Wichtigkeit, einmal, weil sie charakteristisch sind für die damals geltenden Anschauungen — volkswirthschaftliche wie industrielle — und dann, weil diese Bestimmungen bis auf die neueste Zeit der Gesetzgebung des Zollvereins über die Zuckerbesteuerung zu Grunde gelegen haben. Der Vertrag setzte nämlich zunächst fest, daß die Rübenzuckersteuer in dem ersten Betriebsjahre 1841—42 10 Sgr. für den Ctr. Rübenzucker sein solle (wobei man von der Annahme ausging, daß 20 Ctr. Rüben 1 Ctr. Rohzucker geben), im zweiten und dritten Jahre aber auf 20 Sgr. resp. 1 Thlr. erhöht werden solle, wenn im abgelaufenen

Jahre 20 resp. 25 pCt. des Zuckerverbrauchs und darüber durch
die Rübe gedeckt worden seien. Nach Ablauf dieser 3 Jahre
sollte der Steuersatz nach folgenden Grundsätzen festgestellt werden:

a) Der Eingangszoll von ausländischem Zucker und Syrup
und die Steuer von vereinsländischem Rübenzucker zusammen sollen für den Kopf der jeweiligen Bevölkerung
des Zollvereins jährlich mindestens eine Bruttoeinnahme
gewähren, welche dem Ertrage des Eingangszolles vom
ausländischen Zucker und Syrup für den Kopf der Bevölkerung im Durchschnitt der drei Jahre 1838 — 40
gleichkommt.

b) Der Betrag der Rübenzuckersteuer wird jedesmal für
einen dreijährigen, vom 1. September an laufenden Zeitraum festgesetzt und wenigstens acht Wochen vor Anfang
des letztern öffentlich bekannt gemacht.

c) Die Steuer vom vereinsländischen Rübenzucker wird gegen den Eingangszoll vom ausländischen Zucker stets so
viel niedriger gestellt werden, als nöthig ist, um der inländischen Fabrikation „angemessenen Schutz" zu gewähren, ohne zugleich die Konkurrenz des ausländischen Zuckers
auf eine die Einkünfte des Vereins oder das Interesse
der Konsumenten gefährdende Weise zu beschränken.

d) In keinem Falle, und wenn auch bereinst die Einnahme
vom Eingangszoll vom ausländischen Zucker hinter dem
durchschnittlichen Ertrage der Jahre 1838—40 nicht zu-
rückbleiben sollte, wird die Steuer vom Rübenrohzucker
unter den Betrag von 20 pCt. des Zollsatzes für ausländischen zum Versieden eingehenden Rohzucker gestellt
werden.

Wir sehen, der Vertrag wollte sehr verschiedene Dinge zu
gleicher Zeit. Er wollte die Rübenzuckerfabrikation „schützen", er
wollte die Konkurrenz des ausländischen Zuckers aufrecht erhalten,
er wollte die finanziellen Interessen des Zollvereins, und endlich
auch die der Konsumenten wahren. — Alles zusammen so schwierig
wie die Quadratur des Kreises. Zum Theil allerdings sind die
Staatsmänner, welche einen solchen Vertrag abgeschlossen, zu entschuldigen: sie hatten nämlich offenbar keine Ahnung davon, welche

Ausdehnung die Rübenzuckerproduktion gewinnen konnte und wirklich gewonnen hat; und ebenso wenig scheinen sie es für möglich
gehalten zu haben, daß der Zucker aus einem Luxusartikel, als
welcher er damals noch vorzugsweise gelten mußte, zu einem selbst
unter den ärmeren Volksklassen beliebten Nahrungsmittel werden
würde, zumal wenn mit dem Fortschritt der Produktion eine auf-
geklärte Zollgesetzgebung Hand in Hand ging. Zwar that der
Zollverein durch jenen Vertrag einen großen Schritt weiter auf
der Bahn des Schutzsystems, aber die öffentliche Meinung, so
weit sie sich überhaupt um die ganze Frage kümmerte, war in den
Anschauungen des Schutzsystems so vollständig befangen, daß sie
im ersten Augenblick gegen den Vertrag eingenommen war —
nicht weil er schutzzöllnerisch war, sondern weil er überhaupt die
Rübenzuckerfabrikation einer Steuer unterwarf.

Fragen wir nun nach den Resultaten des Vertrages, so
waren sie allerdings kläglich genug. Nicht einmal der so bestimmt
ausgesprochene finanzielle Zweck ward auf die Dauer des Vertrages erreicht; denn die durchschnittliche Zoll- und Steuerein-
nahme der Jahre 1838 — 40 von 6¼ Sgr. (6,2616) per Kopf
wurde seit dem Jahre 1847 bis zum Ablauf des Vertrages (Ende
1853) nicht wieder erreicht, vielmehr sank sie seitdem sogar bis
auf fast 4½ Sgr. (4 Sgr. 7,5 Pf.) im Jahre 1851, und hob
sich auch in den beiden folgenden Jahren nur auf wenig über
5 Sgr. Und zwar sank die Einnahme in solcher Weise, obgleich
die Rübenzuckersteuer vom 1. September 1844 ab von ½ Sgr.
auf 1¼ Sgr., und vom 1. September 1850 ab auf 3 Sgr. pro
Ctr. Rüben erhöht wurde. Ebenso verfehlt wurde die Aufgabe,
die Konkurrenz des ausländischen Zuckers aufrecht zu erhalten.
Denn die Einfuhr von indischem Zucker sank seit 1847 in
rapidester Weise, so daß sie 1853 nur noch wenig über ¼ Mill.
Ctr. betrug, gegen nahezu 1½ Mill. Ctr. im Jahre 1847. Was
endlich die Interessen der Konsumenten betrifft, so bedarf es
keines Beweises, wie vollständig sie in Wirklichkeit der privilegirten Ausbeutung durch die Raffinadeure auf der einen und durch
die Rübenzuckerfabrikanten auf der anderen Seite preisgegeben
waren.

So bleibt denn nur eine von den Aufgaben des Vertrages,

welche er allerdings im vollsten Maße erreicht hat, nämlich die Rübenzuckerfabrikation zu „schützen". Zwar in den ersten Jahren erhielt sie eine bedeutende Einschränkung: in der Campagne 1842 — 43 sank der Umfang auf die Hälfte des Jahres vorher; doch, nachdem sie dann einige Jahre geschwankt hatte, begann sie seit der Campagne 1845—46 sich aufs neue, und zwar in ungestörter Progression, selbst trotz der wiederholten Steuererhöhungen, zu entwickeln, so daß der Produktionsumfang in der Campagne 1852—53 auf mehr als 21¼ Mill. (21,787,096) Ctr. stieg.

In diese Zeit fielen die Unterhandlungen über die abermalige Erneuerung der Zollvereinsverträge auf weitere zwölf Jahre (von 1854—65), nachdem Preußen am 7. September 1851 den bekannten Vertrag mit dem Steuerverein geschlossen hatte. Dieser Vertrag wurde auf Seiten der beiden kontrahirenden Parteien hauptsächlich durch politische und finanzielle Erwägungen und Wünsche diktirt, während die handelspolitischen und volkswirthschaftlichen Rücksichten sich nur in sehr wenigen Punkten als maßgebend erwiesen. Der Steuerverein opferte sein bisheriges, vom Schutzsystem frei gebliebenes Finanzzollsystem — gegen das Präzipuum von drei Viertheilen bei der Vertheilung des Zollertrages; und Preußen dachte nicht im Geringsten daran, dem auf Grund des Septembervertrages neu zu konstruirenden Zollverein durch eine gleichzeitige, von ihm als Bedingung hinzustellende Reform des Zolltarifs eine neue Basis zu schaffen. Nur betreffs einiger wichtiger Konsumtionsartikel (Kaffee, Thee, Wein, Franzbranntwein, Tabacksblätter und Syrup) wurden Herabsetzungen der Zölle des Zollvereins stipulirt; auffallender Weise jedoch befand sich Zucker nicht unter diesen Artikeln. Der bereits im Jahre 1841 gemachte Versuch, einen Zollvertrag mit Hannover abzuschließen, war unter Anderem daran gescheitert, daß Hannover die Herabsetzung des Zolles auf raffinirten Zucker von 10 auf 5 Thlr., auf Rohzucker für Siedereien von 5 auf 2¼ Thlr., auf Rohzucker zur Konsumtion von 8 auf 4 Thlr. verlangt hatte: jetzt aber, zehn Jahre später, war hiervon nicht mehr die Rede, Hannover begnügte sich vielmehr mit der Herabsetzung des Zolles auf Syrup von 4 auf 2 Thlr. Im Vergleich zu den eigentlichen Zuckerzöllen war dieser Zoll nur schwer begreiflich, und man meinte sogar, er

werde doch noch als eine Brücke zur Herabsetzung der Zuckerzölle
überhaupt dienen; denn da dem Zoll von 5 Thlr. für Rohzucker
dem Zuckergehalt nach ein Zoll von ungefähr 4 Thlr. für Syrup
entspreche, so werde man bei einem Syrupzoll von 2 Thlr. nicht
mehr Rohzucker verzollen, sondern ihn in Gestalt von Syrup be=
ziehen. Aber diese Rechnung erwies sich als trügerisch; denn
schon im Jahre 1854 wurde ein doppelter Zoll auf Syrup (von
2 Thlr. für Syrup ohne Krystallzucker, und von 4 Thlr. für
Syrup mit Krystallzucker) eingeführt.

Während also der Vertrag des Zollvereins mit dem Steuer=
verein vom 7. September 1851 (und demgemäß auch der auf
Grund desselben abgeschlossene Vertrag über die Fortsetzung des
Zollvereins von 1854—65) die Eingangszölle auf Zucker unbe=
rührt ließ, bestimmte er, es solle „eine höhere Besteuerung des
Rübenzuckers und ein richtiges Verhältniß derselben zu der Ein=
gangsabgabe für Zucker in Syrup in dem Maße eintreten, daß
diejenige Einnahme, welche im Zollverein im Durchschnitt der
drei Jahre 1847—49 an Rübenzuckersteuer und Eingangsabgaben
von ausländischem Zucker für den Kopf der Bevölkerung aufge=
kommen ist, vom Eintritt der Zolleinigung (mit dem Steuerverein)
ab für die Zukunft mindestens erhalten bleibe." Diese Bestim=
mung führte dann zu der (gleichzeitig mit der Erneuerung der
Zollvereinsverträge auf die Zeit von 1854 — 65 abgeschlossenen)
Uebereinkunft unter den Vereinsstaaten vom 4. April 1853. Was
die materiellen Gesichtspunkte betrifft, so war dieselbe eine fast
wörtliche Kopie derselben vom 8. Mai 1841, und der Haupt=
unterschied zwischen beiden bestand nach dieser Seite nur darin,
daß nicht mehr der durchschnittliche Zollertrag der Jahre 1838
bis 1840 (= 6,2616 Sgr. per Kopf), sondern der durchschnitt=
liche Zoll= und Steuerertrag der Jahre 1847—49 (= 6,0762 Sgr.
per Kopf) als Minimum der aus der Besteuerung des Zuckers für
den Zollverein zu erzielenden Einnahme hingestellt wurde. Die
Differenz (= ca. 2¼ Pf.) ist höchst unbedeutend; immerhin ist es
merkwürdig genug, daß der einzige materielle Unterschied zwischen
beiden Verträgen darin besteht, daß in dem neueren eine geringere
Einnahme für den Zollverein beansprucht wird als in dem älteren.
Die sonstige materielle Uebereinstimmung ist nämlich eine so voll=

ständige, daß in Art. 2 der Uebereinkunft vom 4. April auch die
Bestimmung c. aus der Uebereinkunft vom 8. Mai 1841 (nach
welcher die Besteuerung so normirt werden soll, daß der inländischen Fabrikation ein „angemessener Schutz" gewährt wird, „ohne
zugleich die Konkurrenz des ausländischen Zuckers auf eine die
Einkünfte des Vereins oder das Interesse der Konsumenten gefährdende Weise zu beschränken") wörtlich übergegangen ist. In
der That ein arger Beweis für die Oberflächlichkeit, mit welcher
beim Abschluß der Uebereinkunft vom 4. April 1853 zu Werke
gegangen ist; denn nach den seit dem Jahre 1841 gemachten Erfahrungen konnte doch unmöglich ein Zweifel darüber sein, daß
die damals in aller Naivetät neben einander gestellten Forderungen sich absolut nicht vereinbaren lassen.

Dagegen war allerdings ein erheblicher formell-juristischer
Unterschied zwischen den beiden Verträgen, indem der von 1853
in Art. 3 — nachdem er die Erhöhung der Rübenzuckersteuer vom
1. September 1853 an von 3 auf 6 Sgr. verfügt hat — fest-
setzt, daß in jedem der Jahre 1855, 1857, 1859, 1861, 1863,
sobald der Bruttoertrag der Zuckerbesteuerung den Minimalsatz
nicht erreichte, eine Erhöhung der Steuer um jedes Mal ¼ Sgr.
eintreten solle. Hieraus wurde später ein vertragsmäßiges Recht
der Rübenzuckerfabrikanten darauf, daß in dem angegebenen
Zeitraum keinenfalls eine höhere Steuer eintrete, hergeleitet, und
es läßt sich nicht leugnen, daß die angeführte Bestimmung zur
Zeit des Abschlusses der Uebereinkunft von den kontrahirenden
Staatsmännern selbst in jenem Sinne verstanden wurde. Andererseits hieß es in dem Schlußprotokoll zu Art. 3: „es bleibt un-
benommen, auf den Art. 3 der Uebereinkunft zurückzukommen,
falls durch die Ausführung desselben der Art. 2 nicht zur Er-
füllung kommen sollte." Dieser augenfällige Widerspruch — der
aber doch nicht größer war, als der Widerspruch in Art. 2 des
Vertrages vom 4. April 1853 — führte fünf Jahre später, als
durch die Uebereinkunft vom 16. Februar 1858 eine weitere Erhöhung der Rübenzuckersteuer von 6 auf 7½ Sgr. eingeführt werden sollte, zu den lebhaftesten Debatten, namentlich im preußischen
Abgeordnetenhause.

Nachdem nämlich in den nächsten beiden Campagnen nach

Erhöhung der Rübenzuckersteuer von 3 auf 6 Sgr. pro Ctr. Rüben die Rübenzuckerproduktion einige Einschränkung erlitten hatte
(verarbeitet wurden 1852 — 53: 21,787,096 Ctr., 1853 — 54:
18,469,820 Ctr., 1854 — 55: 19,188,402 Ctr.), wurde in den
folgenden Jahren der Umfang des Jahres 1852—53 rasch überholt (verarbeitet wurden 1855—56: 27,551,207 Ctr., 1856 —57:
28,915,134 Ctr.). Gleichzeitig unterlag der Verbrauch von indischem Zucker erheblichen Schwankungen, im Durchschnitt jedoch
sank er auf einen gegen früher höchst unbedeutenden Umfang
(1854: 518,550 Ctr., 1855: 707,631 Ctr., 1856: 483,241 Ctr.,
1857: ca. 228,821 Ctr.). Die finanzielle Forderung der Uebereinkunft vom 4. April 1853 war in dieser Reihe von Jahren
fortwährend erfüllt, indem die Einnahme aus der gesammten
Zuckerbesteuerung auf den Kopf der Zollvereinsbevölkerung betrug
1854: 6 Sgr. 3,7 Pf., 1855: 7 Sgr. 1,4 Pf., 1856: 6 Sgr.
8,7 Pf., 1857: 6 Sgr. 6 Pf. Aber wie stand es mit der Konkurrenz des ausländischen Zuckers, welche doch aufrecht erhalten
werden sollte? Wie stand es mit den Interessen der Konsumenten, von denen in den Verträgen der Jahre 1841 und 1853 nicht
minder die Rede war, als von dem „Schutz" der Rübenzuckerfabrikation?

Diese Erwägungen bildeten jedenfalls einen plausiblen Vor-
wand für die Finanzmänner des Zollvereins, um in Gemäßheit
des Schlußprotokolls zu Art. 3 des Vertrages vom 4. April 1853
auf diesen Artikel zurückzukommen. Durch die Uebereinkunft vom
16. Februar 1858 wurde demnach für aufgehoben erklärt: Art. 2 b
des Vertrages vom 4. April 1853 (Normirung der Minimaleinnahme aus der Zuckerbesteuerung), ferner die Art. 3 und 4 (wonach höchstens alle zwei Jahre die Steuer um $\frac{1}{4}$ Sgr. sollte erhöht werden dürfen und zwar nur, wenn die Minimaleinnahme
nicht erreicht worden). Nicht aufgehoben wurde dagegen Art. 2 a
(enthaltend die wiederholt erwähnte Zusammenstellung der ent-
gegengesetzten Forderungen betreffs der Rübenzuckersteuer). Ferner
wurde dann die Steuer vom Centner Rüben von 6 auf 7½ Sgr.
erhöht, dagegen der doppelte Eingangszoll auf Syrup durch den
einzigen von 3 Thlr. ersetzt.

Nach langen Debatten im preußischen Abgeordnetenhause erfolgte die Annahme dieser Uebereinkunft, nachdem sie ursprünglich von der Kommission mit 15 gegen 4 Stimmen verworfen war: die formell-rechtlichen Bedenken und die positiv schutzöllnerischen Interessen mußten doch schließlich die Segel streichen vor der gar zu verlockenden Aussicht, die Finanzen des Zollvereins durch Erhöhung der Rübenzuckersteuer nicht unerheblich verbessern zu können. Um aber den Rübenzuckerfabrikanten die bittere Pille einigermaßen zu versüßen, so wurde zugleich das Verlangen derselben nach Gewährung der Steuervergütung für exportirten Rübenzucker eifrigst befürwortet.

Damit war der weiteren Entwicklung der Frage der Zuckerbesteuerung, wie sie seitdem stattgefunden hat, die Bahn vorgezeichnet. Die Rübenzuckerfabrikanten kamen immer eifriger auf jenes Verlangen zurück, zumal der Erhöhung der Steuer diesmal nicht ein Zurückgehen der Produktion, sondern sogar eine weitere Steigerung folgte. In der That fand eine „Ueberproduktion" statt, indem wenigstens zu den Schutzollpreisen der im Zollverein produzirte Rübenzucker nicht vollständig abgesetzt werden konnte; und so waren die Fabrikanten in Gefahr, den ihnen noch immer so reichlich gewährten Zollschutz ganz illusorisch werden zu sehen. Allerdings fand, als die Vereinsstaaten sich nicht sofort über die Steuervergütung für exportirten Rübenzucker einigen konnten, die ganz natürliche Reaktion statt, wie sich aus der nachstehenden Zusammenstellung ergiebt. Es betrug nämlich die Einfuhr von ausländischem Zucker und Syrup:

	Hutzucker.	Rohzucker.	Rohzucker für Siedereien.	Syrup.
	Ctr.	Ctr.	Ctr.	Ctr.
vom 1. April 1858 bis 31. März 1859 . .	1,703	275	497,505	54,439
vom 1. April 1859 bis 31. März 1860 . .	1,408	225	179,679	52,161
vom 1. April 1860 bis 31. März 1861 . .	1,478	363	74,628	73,589

Gleichzeitig betrug die Rübenzuckerproduktion:

	Versteuerte Rüben.	Daraus gewonnener Zucker.*)
vom 1. April 1858 bis 31. März 1859 . .	36,096,150 Ctr.	3,281,468 Ctr.
vom 1. April 1859 bis 31. März 1860 . .	34,969,543 „	3,179,048 „
vom 1. April 1860 bis 31. März 1861 . .	29,563,635 „	2,687,603 „

Rechnen wir nun 3 Ctr. raffinirten Zucker = 4 Ctr. Roh-zucker, so betrug der Import von ausländischem Zucker, nach Ab-zug der exportirten Raffinade, im ersten der drei Jahre circa 422,000 Ctr., im zweiten circa 104,000 Ctr., im dritten circa 35,000 Ctr. Hierzu der gewonnene Rübenzucker gerechnet, kamen auf den Zollvereinsmarkt an Rohzucker im ersten Jahre circa 3,704,000 Ctr., im zweiten 3,283,000 Ctr., im dritten 2,722,000 Ctr., d. h. im dritten sank die Versorgung des Zollvereinsmarktes mit Zucker wieder ungefähr auf den Umfang des Jahres vom 1. April 1857 bis 31. März 1858, in welchem sie ca. 2,850,000 Ctr. betrug.

Ergiebt sich aber aus den vorstehenden Zahlen, wie es gar nicht der Einführung der Steuervergütung für exportirten Rüben-zucker beburfte, um die Versorgung des Zollvereinsmarktes mit Zucker ins richtige Verhältniß zur Nachfrage zu setzen — so er-sieht man daraus auf der andern Seite, wie wenig auch die letzte Erhöhung der Rübenzuckersteuer im Stande war, die Konkurrenz des ausländischen Zuckers mit dem Rübenzucker im Zollverein aufrecht zu erhalten. Da man aber wegen der durch ihre Ueber-produktion offenbar ziemlich bedrängten Lage der Rübenzucker-fabrikation nicht daran benken konnte, abermals mit einer Steuer-erhöhung vorzugehen, so kam man zum ersten Male seit Besteue-rung des Rübenzuckers auf das entgegengesetzte Verfahren einer Ermäßigung der Eingangszölle auf Zucker.

So wurde denn die Uebereinkunft vom 25. April d. J. her-beigeführt, durch welche eine Steuervergütung für exportirten

---

*) 11 Ctr. Rüben = 1 Ctr. Zucker.

Rübenrohzucker von 2¼ Thlr. bewilligt und zugleich der Eingangszoll auf Raffinade von 11 auf 7¼ Thlr., auf Rohzucker zur Konsumtion von 8 auf 6 Thlr., auf Rohzucker für Siebereien von
5 auf 4¼ Thlr. und auf Syrup von 3 auf 2¼ Thlr. herabgesetzt
wurde. Damit fand in der That ein prinzipieller Bruch mit dem
bisherigen Gange der Gesetzgebung über die Zuckerbesteuerung statt,
und es ist möglich, daß sich hieran in Zukunft eine auch für die
Praxis bedeutsame Reform knüpfen wird, denn allerdings sind alle
jene Zollherabsetzungen bisher viel zu gering, um die Konkurrenz
des ausländischen Zuckers erheblich fördern zu können.

Was aber die Wirkung der Steuervergütung für exportirten
Rübenzucker betrifft, so werden wir zu einem bestimmten Urtheile
erst dann kommen können, wenn die Uebereinkunft vom 25. April
d. J. längere Zeit in Kraft gewesen ist.

Der Handelsvertrag mit Frankreich.

Das Jahr 1862 hat mehr noch als das Jahr 1861 mit
der schutzzöllnerischen Vergangenheit des Zollvereins gebrochen,
und zwar durch den Handelsvertrag mit Frankreich. Dieser Vertrag bildet das wichtigste Ereigniß in der Geschichte des Zollvereins seit seiner Gründung. Die Bedeutung desselben liegt hauptsächlich darin, daß er die Form ist, in welche die Reform des
Zollvereinstarifes eingekleidet ist, und damit der Uebergang zum
Freihandel. Auch der Vertrag zwischen England und Frankreich
war nur die Form, in welche der Kaiser der Franzosen eine handelspolitische Reform einkleidete: um den Bestand des neuen Systems zu sichern, mußte er dasselbe nach allen Seiten hin durch
internationale Verträge zu stützen suchen. Andererseits hatte Preußen seit Jahren den festen Wunsch, den Zollvereinstarif in einer
mehr liberalen Richtung reformirt, den Streit zwischen Schutzzoll

und Freihandel im Zollverein zwar nicht sofort durch die völlige Niederlage des ersteren, aber doch dahin entschieden zu sehen, daß die Richtung der weiteren Entwickelung zweifellos blieb. Die Tariffrage, über welche sich jetzt die Gemüther so erhitzen, mußte 1864 und 1865 Gegenstand der Verhandlung werden; der Antrag der französischen Regierung war daher der preußischen eine willkommene Veranlassung, die Entscheidung über die handelspolitische Richtung des Zollvereins schon jetzt herbeizuführen. Auch war es nicht gleichgültig, wie spät nach dem Eintreten der Engländer in den französischen Markt der Zollverein eintrat. Denn wenn auch der Werth des Vertrages vorzugsweise in der allgemeinen Tarifreform liegt, so ist doch die Erweiterung des Absatzgebietes so manchen vereinsländischen Produktionszweiges um 38 Millionen zum Theil sehr konsumtionsfähiger Menschen nicht aus den Augen zu lassen.

Als Handelsverträge, welche der Zollverein abgeschlossen hat und die dem mit Frankreich vorangingen, sind zu bezeichnen:

Der Handels- und Schifffahrtsvertrag mit Griechenland vom 31. Juli und 12. August 1839.

Der Handelsvertrag mit der ottomanischen Pforte vom 10./21. Oktober 1840.

Der Handels- und Schifffahrtsvertrag mit Großbritannien vom 2. März 1841.

Der Handels- und Schifffahrtsvertrag mit Sardinien vom 23. Juni 1845 und die dazugehörigen Additionalkonventionen vom 20. Mai 1851 und vom 28. Oktober 1858.

Der Handels- und Schifffahrtsvertrag mit dem Königreiche beider Sicilien vom 27. Januar 1847.

Der Handels- und Schifffahrtsvertrag mit den Niederlanden vom 31. Dezember 1851.

Der Handels- und Zollvertrag mit Oesterreich vom 19. Februar 1853.

Der Freundschafts-, Handels- und Schifffahrtsvertrag mit Mexiko vom 10. Juli und 31. Dezember 1855.

Der Vertrag mit der freien Hansestadt Bremen vom

26. Januar 1856, die Beförderung der gegenseitigen
Verkehrsverhältnisse betreffend.

Der Handelsvertrag mit der Republik del Uruguay vom
21. Juni 1856.

Der Freundschafts- und Handelsvertrag mit Persien vom
25. Juni 1857.

Der Freundschafts-, Handels und Schifffahrtsvertrag mit
der argentinischen Konföderation vom 19. September
1857.

Die mit der königl. großbritannischen Regierung unterm
11. November 1857 ausgewechselte Erklärung bezüglich der Handels- und Schifffahrtsverhältnisse mit den
ionischen Inseln.

Der Freundschafts-, Handels- und Schifffahrtsvertrag mit
dem Freistaat Paraguay vom 1. August 1859.

Am 2. September 1861 wurde zu Tientsin ein „Freund-
schafts-, Handels- und Schifffahrtsvertrag" zwischen den Staaten
des deutschen Zoll- und Handelsvereins, den Großherzogthümern
Mecklenburg-Schwerin und Mecklenburg-Strelitz, sowie den Hansestädten einerseits und China andererseits abgeschlossen. Ebenso
hat die preußische Expedition nach Japan bekanntlich auch die
Verträge mit diesem Lande und mit Siam zu Stande gebracht.
Der zwischen Preußen und Japan am 24. Januar 1862 abgeschlossene Vertrag ist vom Grafen Eulenburg einerseits und von
den japanischen Beamten Maragaki Awadsino Kami, Takemolo
Duschiono Kami, und Kurokawa Satsin andererseits unterzeichnet.
Nach der beigegebenen Denkschrift hat der preußische Gesandte
es nicht durchsetzen können, den Vertrag auch im Namen der übrigen deutschen Staaten abzuschließen.

Die ersten Aussichten für einen deutsch-französischen Handelsvertrag, welcher der französischen Regierung als eine nothwendige
Konsequenz des englisch-französischen Vertrages erscheinen mußte,
datiren von der Fürstenzusammenkunft in Baden-Baden im Sommer 1860. Bald, nachdem dort der Kaiser der Franzosen seinen
Wunsch zu erkennen gegeben hatte, Verhandlungen über einen solchen Vertrag anzuknüpfen, wurde auch französischer Seits offiziell
die Initiative zur Eröffnung solcher Verhandlungen ergriffen.

8

Preußen erhielt von seinen Zollvereinsgenossen Vollmacht für den Zollverein; die Kommissarien traten im Herbst 1860 zusammen. Unterm 21. Februar 1862 traf in Berlin die Nachricht ein, daß das französische Kabinet die letzten Vorschläge Preußens bezüglich des Handelsvertrages angenommen habe.

Aus den Verhandlungen zwischen den preußischen und französischen Kommissarien sind vier einzelne Verträge hervorgegangen: 1) ein Handelsvertrag in der strikten Bedeutung des Wortes, 2) ein Schifffahrtsvertrag, 3) eine Uebereinkunft wegen der Zollabfertigung des internationalen Verkehrs auf der Eisenbahn, 4) eine Uebereinkunft wegen gegenseitigen Schutzes der Rechte an literarischen Erzeugnissen und Werken der Kunst.

Der Vertrag tritt zwei Monate nach Austausch der Ratifikationen in Kraft und ist auf zwölf Jahre mit zwölfmonatlicher Kündigung abgeschlossen; vom Ablauf der zwölf Jahre ab bleibt er, falls nicht gekündigt ist, weiter in Kraft, mit Vorbehalt zwölfmonatlicher Kündigung. Sollte der Zollverein sich auflösen, so tritt mit demselben Zeitpunkt auch der Handelsvertrag außer Kraft. Frankreich tritt in den Vertrag mit Einschluß von Algerien ein. Deutsche Staaten, welche später sich dem Zollverein anschließen, haben zugleich an dem Handels= und Schifffahrtsvertrage Theil.

Dem Vertrage sind zwei Tarife angehängt, der Tarif für zollvereinsländische Waaren bei der Einfuhr in Frankreich und der Tarif für französische Waaren bei der Einfuhr in den Zollverein. Der erstere entspricht dem französisch=belgischen Tarife mit einzelnen Modifikationen, durch welche dem Zollverein noch weitergehende Zugeständnisse gemacht sind, der andere ist auf der Basis möglichster gegenseitiger Ausgleichung der Zollsätze unter Festhaltung der Gewichtszölle vereinbart, wobei natürlich gewisse Waaren, wie Weine, Seidenwaaren und andere, mit höheren Sätzen als den französischen, eine Ausnahme bilden. Der Weinzoll ist z. B. auf 4 Thlr., der Zoll für Seidenwaaren auf 50 und von 1866 ab 40 Thlr., der für halbseidene auf 34 resp. 30 Thlr. herabgesetzt. Für die Herabsetzungen sind im Allgemeinen vier Stufen verabredet, die sofort und am 1. Januar 1864, 1865, 1866 in Kraft treten. Nicht alle Tarifsätze machen eine solche Stufenfolge durch, sie haben der

Regel nach zwei, höchstens drei Stufen. Der Tarif entspricht in seiner Anordnung und Ausdehnung, wie dies durch die Art seiner Entstehung bedingt ist, dem Tarife des französisch-belgischen Vertrages; für die praktische Anwendung wird er in die Form des Zollvereinstarifs umgearbeitet werden müssen. Für den Umfang dieses Tarifs ist es charakteristisch, daß fast nur die Positionen des Zollvereinstarifs von ihm unberührt bleiben, welche, wie Kaffee, Gewürze, rein außereuropäische Waaren treffen.

Höchst wichtig ist, daß beide Theile von dem Gesichtspunkte ausgegangen, die vertragsmäßigen Begünstigungen nicht dem anderen als exklusives Recht einzuräumen, sondern alle Völker, sei es unmittelbar, sei es durch ergänzende Verträge, daran zu betheiligen, und so den geschlossenen Vertrag zur Grundlage einer allgemeinen Tarifreform zu machen. Diese Tendenz zeichnet vor Allem den Vertrag aus. Sie kommt im Augenblick noch nicht zur vollen Geltung, da im Vertrage beiderseits noch Ursprungszeugnisse verlangt werden. Allein im Schlußprotokoll verpflichtet sich Frankreich, dieselben für eine Reihe von wichtigen Artikeln der Einfuhr sofort aufzugeben und für die übrigen nur so lange aufrecht zu erhalten, bis mit anderen Staaten noch schwebende Verhandlungen abgeschlossen sein werden, während Preußen daselbst erklärt, daß der Zollverein die Ursprungszeugnisse für die aus Frankreich eingehenden Waaren überhaupt nicht aufrecht zu erhalten beabsichtige.

Eine erfreuliche Erscheinung ist der beiderseitige Wegfall aller Aus- und Durchfuhrzölle. Erstere werden nur für Lumpen und altes Tauwerk beibehalten.

Beide Theile behalten sich das Recht vor, bei eintretenden Erhöhungen der inneren Verbrauchssteuer entsprechende Eingangszollerhöhungen eintreten zu lassen, verpflichten sich aber auch, diese Zölle um den Betrag der eintretenden Verminderung der inneren Verbrauchsabgaben alsbald zu ermäßigen. Die französischerseits gemachte Zusicherung, daß der Weinzoll von 2¼ Sgr. pro Centner nicht erhöht werden soll, ist mit Dank anzuerkennen; nicht minder aber ist die preußischerseits eröffnete Aussicht auf Reduktion der Uebergangsabgabe von Wein und Most auf 12½ Sgr. und bezüglich 10 Sgr. erfreulich.

Von höchster Wichtigkeit sind diejenigen Bestimmungen des

Vertrages, durch welche eine völlige Freizügigkeit zwischen den
beiderseitigen Staatsangehörigen angebahnt wird. Frankreich tritt
zum Zollverein in Bezug auf die Freiheit der Unterthanen, im
andern Gebiete Arbeit und Erwerb zu suchen, in dasselbe Ver=
hältniß, welches zwischen den Zollvereinsstaaten besteht.

Die ermäßigten Tariffätze für die zollvereinsländischen Waa=
ren gelten zwar in Frankreich grundsätzlich nur bei der direkten
Einfuhr zu Lande, oder zur See unter der Flagge des Zollvereins
oder Frankreichs, Preußen hat jedoch ein Zugeständniß zu Gun=
sten des Exportes aus den beiden für den Zollverein wichtigsten
deutschen Hafenplätzen Bremen und Hamburg erreicht. Die Zoll=
vereinsausfuhr aus diesen beiden Häfen partizipirt vollständig an
den Vortheilen des ermäßigten Tarifs.

Es war zu erwarten, daß Frankreich am hartnäckigsten auf
seinem Systeme der differenziellen Behandlung der Schifffahrt be=
stehen werde. Zwar hat Frankreich vollständig gleiche Behandlung
der Zollvereinsflagge mit der nationalen in seinen Häfen zuge=
standen, aber dieses Zugeständniß nur auf die direkte Fahrt be=
schränkt, und mit Mühe mag ihm die weitere Konzession abge=
drungen sein, „daß für die Begriffsbestimmung der direkten Fahrt
die Häfen der Hansestädte an der Elbe und Weser den zollvereins=
ländischen von dem Augenblicke an gleich geachtet werden sollen,
wo die französischen Schiffe in den letzteren Häfen den nationalen
gleich gestellt werden." Die Konzessionen, welche Frankreich macht,
um mit der Beschränkung der Gleichstellung der Zollvereinsflagge
auf die direkte Fahrt durchzubringen, sind vom französischen Stand=
punkte aus nicht erheblich. Um so rühmlicher ist es, daß Preu=
ßen die französische Flagge in seinen Häfen der nationalen bedin=
gungslos gleichstellt.

Die Regierungen und Volksvertretungen im Zollverein haben
jetzt die Annahme oder Ablehnung des von Preußen geschlossenen
Vertrages zu erklären. Obgleich an ein Verwerfen schwerlich zu
denken ist, so ist doch der Widerspruch, auf den der Vertrag nicht
nur bei Vereinsgliedern, sondern auch bei Oesterreich, das sein
Recht des Mitredens auf seinen Vertrag von 1853 stützt, von
vielen Seiten ein so lauter und lebhafter, daß die Durchsetzung
des Vertrages nicht ohne Bekämpfung großer Schwierigkeiten zu

erreichen sein wird. Man wendet ein, daß durch denselben die
Industrie des Zollvereins mit einem Sprunge schutzlos gemacht
sei. Aber zugegeben, unsere Industrie bedürfe der Protektion, so
sind doch die neuen Tarifermäßigungen noch weit von bloßen Fi=
nanzzöllen entfernt. Wenn die Tarifreform nach streng freihänd=
lerischen Forderungen durchgeführt wäre, nach dem Grundsatze des
preußischen Tarifs von 1818, wonach Fabrikate höchstens 10 pCt.
tragen sollten, so wären die Tarifsätze fast durchweg niedriger aus=
gefallen, so würde man weder bei Roheisen auf 7½ Sgr., noch
bei baumwollenen Waaren auf 10—30 Thlr. pro Centner stehen
geblieben sein. Und daß ein Twistzoll von 2 Thlr. noch hinter
den bescheidensten freihändlerischen Ansprüchen zurückbleibt, dürfen
wir als bekannt voraussetzen. Die baumwollenen Waaren der nie=
drigen Klasse (rohe und gebleichte dichte Gewebe mit Ausschluß
der sammetartigen), die auf 12 und vom 1. Januar 1866 auf
10 Thlr. herabgesetzt werden sollen, berechnen sich zu einem Durch=
schnittspreise von 46 Thlr. pro Centner, die beiden genannten
Zollsätze also auf 26 und 22 pCt. des Werthes; baumwollene
Waaren der höchsten Klasse (Jaconets, Mousseline) berechnen sich
in den gangbaren Sorten auf einen Durchschnittswerth von
220 Thlr. pro Centner, der Zollsatz von 34 resp. 30 Thlr. also
auf 15½ resp. 13½ pCt.; Wollenwaaren der dritten Klasse (un=
bedruckte, ungewalkte) berechnen sich auf einen Durchschnittswerth
von 220 Thlr. pro Centner, der Zoll von 24 und von 1866 ab von
20 Thlr. beträgt also 13½ resp. 11½ pCt. des Durchschnittswerths.
Der französische Advaloremzoll von 15 pCt. bewegte sich im vo=
rigen Jahre in Frankreich für baumwollene Waaren zwischen 9½
und 17½ Thlr., für wollene, halbseidene eingeschlossen, zwischen 8½
und 30 Thlr. pro Centner, während die Zollsätze des Vertrages
sich zwischen 10 und 30 Thlr. bewegen. Das sind objektive Maß=
stäbe, welche die Sätze des Zollvereinstarifs, die im Handelsver=
trage für die einzelnen Klassen festgesetzt sind, als sehr ausgiebig
erscheinen lassen.

Oesterreich legte Protest gegen den deutsch=französischen Han=
delsvertrag ein. Graf Rechberg beruft sich in seinem vom 7. Mai
1861 datirten Erlasse an den Grafen Chotek in Berlin „auf die
wohlerworbenen Rechte," welche Oesterreich „als Kontrahent des

Handels- und Zollvertrages vom 19. Februar 1853 kraft der Eingangsworte und des Art. 25 dieses Vertrages zustehen," und behält sich für den Fall der Nichtberücksichtigung seiner Bemerkungen jede weitere Erklärung vor. In dem diese Depesche begleitenden Memorandum glaubt die k. k. Regierung es auch „den wohlverstandenen Interessen Deutschlands" schuldig zu sein, auszusprechen: daß sie in der Annahme der am 29. März zu Berlin zwischen Preußen und Frankreich paragraphirten Vereinbarungen Seitens des Zollvereins eine Störung und Hintansetzung des zwischen Oesterreich und dem Zollverein durch den Vertrag von 1853 begründeten Verhältnisses würde erblicken müssen. Ein Theil der süddeutschen Presse, besonders die (anscheinend von Oesterreich inspirirte) Augsburger Allgemeine, brachte Artikel im Sinne dieses Protestes.

Gegen die Leidenschaftlichkeit der süddeutschen Organe sticht vortheilhaft der Artikel des „Dresdener Journals" über den Vertrag ab, der in höchst gediegener Weise denselben von allen Seiten beleuchtet, und vermöge der Stellung, die Sachsen als eins der ersten Industrieländer Deutschlands einnimmt, besonders in die Waagschale fällt. Die in Nürnberg, Elberfeld, Chemnitz, Frankfurt a. M., Stuttgart, Düsseldorf abgehaltenen Kongresse von Schutzzöllnern verwarfen mehr oder weniger entschieden den Handelsvertrag. Es waren dies Spezialkongresse, wo je diejenigen Partien des neuen Tarifs auf die Tagesordnung kamen, in denen ein parteiisches Verdammungsurtheil zu erwarten war. Die schwäbischen Spinner tagten in Stuttgart, Leder- und Fellindustrielle in Frankfurt u. s. w. Das Mittel eines allgemeinen Schutzzollkongresses hätte gefährlich werden können: die Spinner hätten den Eisenproduzenten beduziren können, daß die Eisenzölle, die Weber den Spinnern, daß die Garnzölle, sie alle den Zuckerfabrikanten, daß die Zuckerzölle u. s. w. eine Ermäßigung vertragen können, und schließlich hätte sich ergeben, daß alle unsere Schutzzölle, vom Standpunkte der wirklichen Interessenten, nämlich der Konsumenten, beurtheilt, zu hoch und zu drückend seien. Zu glauben, daß in der nächsten Zeit jedes spezielle Interesse gleich angenehm berührt, daß keines verletzt, kein einziges selbst mehr oder weniger hart betroffen werden würde, wäre in der That eine zu sanguinische Hoffnung. Es ist aber keine große Reform auf diesem Gebiete denkbar ohne einzelne Opfer. Jede Erleichterung des Austausches unter den Nationen ist ein unzweifelhafter Fortschritt und eine unzweifelhafte Wohlthat. Die einzelnen Industriezweige sind zwar als Faktoren des Volkswohlstandes aller Beachtung werth, aber die Bedürfnisse der Landwirthschaft, der Konsumenten überhaupt sind nicht minder zu berücksichtigen, und man muß immer das Ganze im Auge haben.

Von österreichischer Seite wird behauptet, durch den Vertrag werde eine Zolleinigung mit Oesterreich unmöglich gemacht, jede weitere Annäherung erschwert, somit eigentlich die Fortsetzung des Vertrages von 1853 über 1865 hinaus in Zweifel gestellt; man beschuldigt Preußen und die dem französischen Vertrage beitretenden Zollvereinsstaaten des Vertragsbruches, weil der Zollverein verpflichtet sei, die Zolleinigung mit Oesterreich anzustreben. Ja man will Oesterreich ein Recht auf eine exklusiv begünstigte Stellung dem Zollverein gegenüber einräumen, und erblickt schon darin eine Beleidigung Oesterreichs, daß es seine meistbegünstigte Stellung künftig mit allen Staaten theilen solle.

Es enthält aber kein einziger Artikel des Vertrages vom 19. Februar 1853 eine solche Verpflichtung, und nur die Eingangsworte geben als Motiv für Abschließung des Vertrages die Anbahnung der einstigen allgemeinen deutschen Zolleinigung an. Der Vertrag enthält ebensowenig eine Bestimmung, welche Oesterreich eine bevorzugte Stellung gewährleistete, oder dem Zollverein verböte, nach anderer Richtung hin Verträge zu schließen. Er sichert aber in Art. 2 Oesterreich ausdrücklich die Stellung des meistbegünstigten Staates, wonach also der Zollverein ihm jede Erleichterung, welche er nach anderer Seite hin gewährt, ebenfalls gewähren muß. Und in Art. 4 giebt der Vertrag die Vorschriften darüber, wie sich jeder Theil verhalten dürfe, wenn der andere seine Zölle verändere. Dieser Artikel ist wesentlich gegen die als möglich und wahrscheinlich angenommene Ermäßigung des Zollvereinstarifs gerichtet und soll dieselbe etwas erschweren, jedenfalls aber Oesterreich die Mittel an die Hand geben, sich gegen die Folgen zu schützen. Auch Art. 2 setzt Tarifermäßigungen des

Zollvereins durch Verträge mit anderen Staaten ausdrücklich als möglich und zulässig voraus.

Geht man von der Ansicht aus, Oesterreich müsse in allen Stücken bei seinem dermaligen System verharren, es sei bestimmt, der Hort und Schutz einer starken Prohibitionspolitik zu bleiben, dann muß freilich der französische Vertrag ein bedeutender Schritt der Entfernung lediglich durch die wechselnde Differenz der Richtungen werden. Ist aber Oesterreich aufrichtig gesonnen, in der durch von Bruck eingeschlagenen Richtung energisch und durch prohibitionistische Opposition unbeirrt vorwärts zu gehen, so ist der Vertrag mit Frankreich kein Hinderniß der Annäherung an den Zollverein. Nach Abschluß des Vertrages von 1853 sind weitere Annäherungen — an eine Zolleinigung ist nicht zu denken, denn die Grundbedingungen derselben: Ordnung der Verhältnisse zu Ungarn und Italien, Sicherung der Zollgrenze, finanzielles Gleichgewicht und Herstellung der Valuta, endlich Beschaffung brauchbarer Grundlagen über Volkszahl und Konsumtionsfähigkeit, sind ja heute noch weniger vorhanden, als 1853 — sind weitere Annäherungen, sagen wir, nur auf dem Wege allmäliger Herabsetzung des österreichischen Tarifs möglich. Hält die österreichische Regierung, ohne alle politische Motive, die materielle Annäherung, und zwar auf dem allein möglichen Wege der Tarifherabsetzungen, fortdauernd für wirthschaftlich heilsam und nothwendig, so hindert sie der Vertrag mit Frankreich nicht. Dieser wahrt im Art. 32 den Eintritt jedes sich mit dem deutschen Zollvereine weiter verbindenden deutschen Staates. Der Anspruch Oesterreichs, stets allein der besonders Begünstigte zu sein, wird allerdings nicht aufrecht erhalten werden können. Oesterreich erlangt, ohne irgend eine Gegenkonzession, durch den Vertrag mit Frankreich vom Zollverein die Herabsetzung der Zölle auf Wein und auf eine Menge seiner besten Industrieartikel (Seidenwaaren, feine Lederwaaren, Kurzwaaren u. s. w.), und es zürnt, weil es diese Vortheile mit Anderen theilen soll, es droht mit Zurückziehung und mit Erhöhung der Zwischenzölle u. s. w.

Gehen wir nun auf die Betrachtung der muthmaßlichen volkswirthschaftlichen Wirkungen des Vertrages für den Zollverein über, so müssen wir noch einmal hervorheben, daß es sich nicht blos um eine Transaktion mit Frankreich und um gegenseitig ab- zuwägende Konzessionen Frankreich gegenüber handelt, sondern um eine allgemeine Tarifreform des Zollvereins. Stellt man die Ta- rife Frankreichs und des Zollvereins neben einander, so ist nicht der in beiden gewährte Schutz gegen einander abzuwägen, noch das Verlangen zu stellen, daß die gegenseitigen Konzessionen sich decken müssen, sondern die Frage ist, wie groß ist die französische Konzession nach dem Maßstabe seines bisherigen Zollsystems? Da finden wir denn, daß die Reform eine sehr bedeutende ist.

Baumwollenes Garn war bis Nr. 143 verboten und zahlte für höhere Nummern vom Zollcentner über 90 Thlr., jetzt soll es nach der Feinheit 2 bis 40 Thlr. zahlen.

Baumwollene Gewebe waren theils verboten, theils mit sehr hohen Zöllen belegt, jetzt sollen sie 6 bis 40 Thlr. oder auch 15 pCt. vom Werthe zahlen.

Wollene Gewebe waren ebenfalls theils verboten, theils mit sehr hohen Zöllen belegt, sie sind mit 15 pCt., von 1864 an mit 10 pCt. vom Werthe tarifirt.

Seidene und halbseidene Waaren waren theils verboten, theils mit Zöllen bis zu 240 Thlr. vom Zollcentner belegt, sie werden ganz frei sein oder 40 Thlr. zahlen.

Papier zahlte 20 bis 40 Thlr., es kommt auf 1⅓ Thlr. herab, Papierwaaren auf 10 pCt.

Feine Fayence und feines Porzellan waren verboten, sie kom- men auf 10 pCt.

Roheisen zahlte 28 Sgr., es kommt auf 10 resp. 8 Sgr.

Schmiedeeisen zahlte 2 bis 5 Thlr., es soll 28 bis 36 Sgr. entrichten.

In vielen, den meisten Industriezweigen wird erst jetzt die Möglichkeit einer wirksamen Konkurrenz erschlossen. Im Zollver- ein liegen die Sachen anders. Prohibitionen hat sein Tarif nie gekannt; viele seiner Zollsätze sind von vorn herein nicht höher, zum Theil niedriger gewesen, als die jetzigen französischen. Den- noch haben sich diese Zölle, wie die immer mehr sinkende Einfuhr beweist, der Entwickelung der einheimischen Industrie zufolge zu beinahe prohibitiven umgestaltet. Will der Zollverein auf die

Reform Frankreichs und anderer Industriestaaten analog antworten, so kann dies doch nur durch Tarifsätze geschehen, welche wieder die Möglichkeit erfolgreicher Konkurrenz eröffnen; sonst würde die Maßregel bedeutungslos sein. Daraus ergiebt sich von selbst, daß die Forderung der Gleichstellung der Tarifsätze nicht durchführbar ist. Ein zweiter Umstand, welcher diese Art der Beurtheilung unpraktisch macht, ist die schwierige Vergleichbarkeit von Werthzöllen mit absoluten Gewichtszöllen.*) Der Zollverein hat seine Gründe, das System der Gewichtszölle nicht aufzugeben und den Tarif nicht in zu viele Positionen zerfallen zu lassen. In letzterer Beziehung hat er allerdings bisher noch zu wenig gethan. Der vereinbarte Tarif enthält daher für Baumwollenwaaren und Wollenwaaren eine Klassifikation, welche zugleich manche Uebelstände des bisherigen Tarifs verbessert. Dennoch können unsere Zölle nur Durchschnittszölle sein, welche, mit den französischen Werthzöllen verglichen, theils unter, theils über denselben stehen. Uebrigens haben die französischen Abvaloremzölle für den Zollverein einen besonderen Vortheil. Die Stärke der Zollvereinsfabrikanten liegt in den für die große Konsumtion geeigneten wohlfeilen Fabrikaten, seien dies nun Ellenwaaren oder Nürnberger Artikel. Und gerade diese kommen bei den Werthzöllen besser weg, als bei den Gewichtszollsätzen, die immer nach Durchschnittssätzen angelegt werden. Wenn die Franzosen ihre Hauptkraft in den feinen, nur für ein beschränktes Publikum zugänglichen Artikeln haben, so kommen wir bei unserm Absatz nach Frankreich, der nach der Natur unserer Waaren das große Publikum für sich hat, gewiß nicht schlechter weg.

*) Man unterscheidet Werth- und Gewichtszölle. Von den ersteren sagt Rau: „Den Zolltarif in Prozenten des Preises auszudrücken (ad valorem nach der englischen Bezeichnung) ist darum nicht rathsam, weil die Zollbeamten die Mittelpreise jedes zollbaren Gegenstandes nicht genau kennen, und ohne diese Kenntniß die eigene Angabe des Zollpflichtigen nicht berichtigt werden kann, wenn sie, wie dies oft geschieht, zu niedrig ist." Von anderer Seite bringt man darauf, die ad valorem Steuern an die Stelle der „im Prinzip unrichtigen und den ärmeren Theil des konsumirenden Volkes bedrückenden" Besteuerung nach Maß und Gewicht zu setzen. In Frankreich soll man übrigens damit umgehen, die Werthzölle abzuschaffen.

In der sächsischen Kammer erfuhr bei den Verhandlungen über den Vertrag mit Frankreich von verschiedenen Seiten das System der Werthzölle warme Bevorwortung, aber die Einführung desselben würde gerade jetzt eine Erhöhung vieler Zollsätze bewirken und uns von dem betretenen Wege zu späterer vollständiger Handelsfreiheit wieder abführen. Der Handel würde ebensowenig damit einverstanden sein, wenn seine Gütereinfuhr der schwierigen Werthsentwickelung wegen in Zukunft nur auf die Hauptzollplätze verwiesen würde, während die Verzollung nach dem Gewicht, abgesehen von ihrer Einfachheit, der schnelleren Abfertigung und dem Wegfall der meisten Scherereien der Zollbeamten, den Waareneingang, selbst an den kleinsten Grenzstädten, gestattet.

Man hat die Methode der Kritik durch Vergleichung der beiderseitigen Tarife auch auf Dinge angewendet, bei denen es sich gar nicht um Konkurrenz mit Frankreich handelt. So bei Eisen, bei Maschinen und namentlich bei Baumwollengarn. Frankreich denkt nicht daran, Eisen und Twiste nach dem Zollverein auszuführen, und dasselbe dürfte — Eisenwaaren ausgenommen — so ziemlich auch umgekehrt der Fall sein. Die vorgeschlagenen Herabsetzungen der Eisen- und Twistzölle im Zollverein haben gar nicht ihren Grund und ihre Bedeutung in einer zu eröffnenden Mitbewerbung mit Frankreich; England, Belgien und die Schweiz sind uns in diesen Artikeln viel gefährlicher. Es handelt sich also gar nicht um eine unfruchtbare Vergleichung mit den französischen Zollsätzen, sondern um die Beantwortung der Frage, ob und wie die Eisenindustrie, der Maschinenbau und die Baumwollspinnerei des Zollvereins die mit der Herabsetzung der Zollsätze für Ganzfabrikate unerläßlich werdende Ermäßigung der Zölle für Halbfabrikate und Fabrikationsmittel, wozu Maschinen gehören, gegenüber jenen anderen Konkurrenten ertragen werden können.

Das Dresdener Journal hat in dem schon angeführten Artikel schlagend nachgewiesen, daß die projektirte Tarifreform in der Hauptsache den wichtigsten deutschen Industriezweigen keine die Existenz bedrohende Konkurrenz herbeiführe. Die schwächeren Stellen des Tarifs treffen solche Produkte, welche schon zu den feinsten und theuersten Gegenständen des Luxus gehören. In diesen wird der Schwerpunkt der deutschen Industrie wohl nie liegen, stets in den Mittelgattungen. Wir halten das für kein Unglück. Industrien, welche entweder in den billigsten Exportmassenartikeln oder in den feinen Luxuswaaren ihre Hauptstärke haben, sind relativ größeren und gleich allgemeineren wirkenden Krisen ausgesetzt. Wenn uns der freiere Verkehr den Markt für mittlere Waarengattungen zu erweitern verspricht, so halten wir dies für einen größeren und dauernden Gewinn, als die Einbuße, welche wir etwa in der Erzeugung von feinen Luxusartikeln erleiden können.

Zum Schluß bespricht der genannte Artikel die Wirkungen, die der Vertrag auf die speziellen Verkehrsverhältnisse zu Frankreich haben wird. „Schon jetzt," sagt das Dresdner Journal, „wo wir noch alle differenzielle Zuschläge für den Import zu Lande oder auf nicht nationalen Schiffen zu tragen haben — welche künftig unbedingt, auch für den Verkehr über Bremen und Hamburg und für den Transitverkehr durch Belgien und die Schweiz, wegfallen —, und wo viele unserer Waaren sehr hoch besteuert oder ganz verboten waren, hat nach französischen zollamtlichen Angaben die Einfuhr aus dem Zollvereine nach Frankreich über 40 Millionen Thaler im Jahre 1860 betragen. Davon ist allerdings das Meiste Getreide, Vieh, Steinkohle, Wolle und dergleichen, selbst Wein in nicht ganz unerheblicher Menge; aber auch Industrieprodukte für ein paar Millionen, und darunter allein Seidenwaaren für etwa 400,000 Thlr. Was wir umgekehrt aus Frankreich bezogen haben, ist nach der amtlichen Zollvereinsstatistik leider nicht zu ermitteln. Denn diese kann nur nachweisen, über welche Grenzstaaten die Waare eingegangen ist. Nun gehen aber viele französische Waaren über Belgien, über die Schweiz, auch zur See von Havre ein, und die Einfuhr über die französische Grenze giebt daher ganz unbrauchbare Zahlen.*) Nach den französischen amtlichen Angaben, welchen in Bezug auf Ausfuhr natürlich auch keine große Zuverlässigkeit zukommen kann, da die endliche definitive Bestimmung der Waare die Douanenverwaltung

---

*) Beispielsweise sind 1860 über die Grenze gegen Frankreich 4,063, gegen Belgien 6,479, gegen Hamburg 5,224 Ctr. Seidenwaaren eingegangen u. f. f. Hiervon ist das Meiste französischen Ursprungs.

gar nicht interessirt, ist die Ausfuhr Frankreichs nach dem Zollverein weit bedeutender gewesen, als die Ausfuhr des Zollvereins
nach Frankreich. In Manufakten liegt dies schon nach der Verschiedenheit der bisherigen Tarife auf der Hand. Frankreich hat
uns Seidenwaaren, seine gedruckte Baumwollen- und Wollenwaaren,
feine Kammgarne, künstliche Blumen und Putzwaaren, gewisse
Spitzen und Stickereien, manche feine Metall- und Kurzwaaren
in nicht unbedeutender Menge geliefert. Von den 8,500 Ctr.
seidenen und halbseidenen Waaren, welche im Zollverein jährlich
wirklich versteuert werden, ist der größte Theil, von den 4,000 Ctr.
ungewalkten wollenen Stoffen und den 8,500 Ctr. baumwollenen
Waaren vielleicht die Hälfte französischen Ursprunges, zusammen
schon 20 Millionen Thaler an Werth. Wir haben bereits die
Waarengattungen angedeutet, in denen sich die Konkurrenz Frankreichs steigern wird; im Wesentlichen werden aber die Gattungen
dieselben bleiben.

„Ganz anders im Zollvereine, für die Web- und Wirkwaaren
des großen Konsums in Baumwolle, Leinen und Wolle, selbst für
gewisse Gattungen von Seidenwaaren, besonders aber für gemischte
Artikel, für Strumpfwaaren, für manche Lederwaaren, Holzwaaren,
Eisenwaaren eröffnet sich erst der französische Markt, da der Zollverein in vielen dieser Artikel sehr wohl im Stande sein wird,
bei einem Zolle von 10 pCt. oder höchstens 15 pCt. mit den
französischen Produkten und auch mit den englischen und belgischen
zu konkurriren. Wie groß der Erfolg sein werde, das läßt sich
eben wegen der Neuheit des eröffneten Feldes mit Bestimmtheit
im Voraus nicht sagen; bei gehöriger Energie und Aufmerksamkeit unserer Produzenten kann er bedeutend werden, denn 38 Mill.
einer zum Theil hoch civilisirten und an starken Verbrauch von
Manufakturen gewöhnten Bevölkerung bieten schon Spielraum dar,
und der Absatz, welchen manche deutsche Artikel seit gänzlichem
Wegfall der Zölle in England dort finden, unterstützt diese Hoffnungen.“

Von Wichtigkeit ist außer dem eigentlichen Handelsvertrage
ferner der Schifffahrtsvertrag mit Frankreich. Die französische
Rhederei begehrt und genießt noch immer für ihre Flagge einen
übermäßigen Schutz, sowohl durch die den fremden, nicht begün-

stigten Schiffen aufgebürdeten hohen Tonnengelder, als durch die
Differenzialzölle auf deren Ladungen. Im ganzen großen britischen
Reiche mit allen seinen außereuropäischen Besitzungen werden die
Angehörigen, die Produkte und Fabrikate, die Schiffe irgend eines
Staates, gleichviel, ob derselbe einen Handelsvertrag mit England
abgeschlossen hat oder nicht, und wie der Inhalt eines solchen
Vertrages sein mag, nicht ungünstiger behandelt, als diejenigen
des eigenen Staates.   Die britische Regierung hat allerdings
durch Parlamentsakte die volle Befugniß, jeden Augenblick gegen
die Erzeugnisse und die Flagge solcher Staaten, welche, trotz der
liberalen Handelspolitik Englands und ihrer Behandlung dort auf
dem Fuß der meistbegünstigten Nationen oder, was dasselbe,
Gleichstellung mit den Nationalen, dennoch den britischen Handels-
und Schifffahrtsverkehr differenziellen Abgaben unterwerfen, nach
dem Grundsatze der Reziprozität, Repressalien eintreten zu lassen,
namentlich durch differenzielle Schifffahrtsabgaben; allein bisher
ist von dieser Befugniß kein Gebrauch gemacht worden. England
und Belgien haben bekanntlich in neuerer Zeit Handelsverträge
mit Frankreich abgeschlossen. England hatte sofort alle Zugeständnisse, welche in seinem Vertrage den Importen aus Frankreich bewilligt sind, sämmtlichen übrigen Nationen zu Gute kommen lassen, also auch Belgien. Dieser Staat dagegen hat die in
seinem Vertrage mit Frankreich den französischen Erzeugnissen und
Schiffen eingeräumten Begünstigungen nicht weiter ausgedehnt,
und so werden viele britische Erzeugnisse gegenwärtig in Belgien
bedeutend höher besteuert, als die gleichen Artikel französischen
Ursprungs, obschon, wie gesagt, der belgische Verkehr im ganzen
britischen Reiche sich aller Vortheile erfreut, die irgend einer Nation gewährt werden, und, im Ganzen genommen, dort ohne Vertrag viel günstiger behandelt wird, als in Frankreich nach Abschluß
seines Vertrages mit diesem Staate.

In Frankreich müssen die Schiffe derjenigen Staaten, mit
denen es keinen Handelsvertrag abgeschlossen hat, in allen Fällen,
auch bei Ankunft in Ballast, im direkten wie im indirekten Verkehr, 4 Fr. 50 C. an Tonnengeld pro Tonneau entrichten. Staaten, die einen Handelsvertrag mit Frankreich haben, genießen eine
Begünstigung, wenn nicht für den indirekten, so doch für den

direkten Verkehr, und beim indirekten Verkehr wird ein Unterschied zwischen beladenen und nicht beladenen Schiffen gemacht. Außer den Differenzialschifffahrtsabgaben tritt für die nichtprivilegirten Flaggen durchweg eine Surtaxe (ein Zollaufschlag) der importirten Waaren, und die nämliche Differenzialabgabe auch für die durch Vertrag begünstigten Schiffe beim indirekten Verkehr in Anwendung. Französische Schiffe sind vom Tonnengeld befreit, mögen sie aus einem französischen oder fremden Hafen innerhalb oder außerhalb Europas kommen, mit alleiniger Ausnahme der britischen Besitzungen in Europa; im Falle der Ankunft aus einem britischen Hafen haben die französischen Schiffe ebensoviel an Tonnengeld zu zahlen, wie britische Schiffe im nämlichen Verkehr, nämlich 1 Fr. 20 C. pro Tonneau. Man warf daher vor Abschließung eines Schifffahrtsvertrages mit Frankreich im Zollverein die Fragen auf: Wird von der Ratifikation ab die endliche Abschaffung der differenziellen Behandlung deutscher Schiffe in französischen Häfen datiren? Haben die Vorhäfen des Zollvereins in der Maas, Schelde, Rhein, Weser und Elbe neben den eigenen Zollvereinshäfen genügende Berücksichtigung erfahren? Hat Preußen den deutschen Hansestädten, welche Frankreich bereits volle Freiheit des Verkehrs und Gleichstellung mit ihren eigenen nationalen Schiffen gewähren, hat es vielleicht auch Mecklenburg den nachträglichen Beitritt zu dem Schifffahrtsvertrage vorbehalten? Mit welchen Erwartungen z. B. die Danziger Kaufmannschaft dem Abschlusse des Vertrages entgegensah, mag man in Bezug auf die Schifffahrt aus folgender Stelle des letzten Jahresberichts ersehen: „Die Verhandlungen," heißt es daselbst, „welche die königliche Staatsregierung über den Abschluß eines Zollvertrages mit Frankreich eingeleitet hat, nehmen unser Interesse um so mehr in Anspruch, als wir daran die Erwartung knüpfen, daß mit dem Handelsvertrage auch gleichzeitig ein Schifffahrtsvertrag mit diesem Lande vereinbart werden wird. Bereits im Jahre 1858 haben wir der königlichen Regierung unser Gutachten dahin abgegeben, daß wir einen mit Frankreich nach den freiesten Grundsätzen abzuschließenden Schifffahrtsvertrag, wie solcher bereits zwischen England und Preußen besteht, als ersprießlich für die diesseitigen Interessen ansehen müssen, obschon französische Schiffe in unseren

Häfen, in Betreff der Schifffahrtsabgabe, mehr benachtheiligt
sind, als preußische Schiffe in französischen Häfen. So zahlt beispielsweise ein französisches Schiff von 200 Normallasten mit Ladung ein- und ausgehend 893 Thlr. 10 Sgr. Ein preußisches
Schiff von 200 Normallasten zahlt in französischen Häfen an
Tonnage und Lootsengeld ungefähr 1850 Fr. oder 493 Thlr.,
woraus sich also ein erheblicher Unterschied zu Gunsten der preußischen Schiffe ergiebt; ein preußisches oder privilegirtes Schiff
von 200 Normallasten zahlt hier im Ganzen 146 Thlr. 20 Sgr.
Der Nachtheil für die französische Flagge ist evident und letztere
daher von unsern Häfen fast ganz ausgeschlossen. Die in beiden
Staaten stipulirten hohen Abgaben haben aber für uns den Nachtheil, daß der Absatz unserer Ausfuhrartikel in Frankreich, namentlich der von Holz, nicht die naturgemäße Ausdehnung gewinnen
kann; dieser voluminöse Artikel kann hohe Frachten, welche die
Folge der großen Abgaben sein müssen, nicht tragen, und es fällt
unseren Kaufleuten schwer, gegen die Konkurrenz der russischen,
schwedischen oder amerikanischen Holzexporteure, deren heimathliche
Flagge in Frankreich zu den privilegirten gehört, aufzukommen.
Ebenso auch wird die Konkurrenz unserer preußischen Rhederei
gegen die der in Frankreich privilegirten Nationen unmöglich gemacht. Daß aber unser Handel mit Frankreich nicht gering an-
zuschlagen ist, beweist, daß im verflossenen Jahre 218 Schiffe mit
Ladung von hier nach französischen Häfen gingen, und zwar 110
Schiffe mit Getreide, 105 mit Holz, 3 mit Zucker und Syrup.
Wir hoffen daher, daß es der königlichen Staatsregierung gelingen wird, einen auf Gegenseitigkeit gegründeten Schifffahrtsvertrag mit Frankreich abzuschließen, und dadurch unserer Rhederei
die Rechte der privilegirten Flagge zu verschaffen."

Im Folgenden sind die Hauptbestimmungen des Vertrages
mit Frankreich rücksichtlich der Schifffahrt enthalten:

Art. 1. Französische Schiffe, welche mit Ladung oder mit Bal-
        last in die Häfen der Zollvereinsstaaten einlaufen,
        sollen, woher sie auch kommen mögen, in diesen Häfen
        weder bei ihrem Eingange, noch bei ihrem Ausgange,
        noch während ihres Aufenthalts andere oder höhere
        Tonnen-, Lootsen-, Quarantaine-, Hafen-, Leucht-

thurmsgelber, oder sonstige, gleichviel unter welchen
Namen auf dem Schiffskörper ruhende Abgaben entrichten, diese Abgaben mögen für den Staat, Ge-
meinden, örtliche Korporationen, Privatpersonen oder
irgend welche Anstalten erhoben werden, als diejenigen,
welchen die von denselben Orten kommenden und nach
denselben Orten bestimmten Schiffe der Zollvereins=
staaten daselbst unterliegen.

Bis dahin, daß die Zollvereinsstaaten es für angemessen erachten, ihre eigenen Schiffe von jedem
Tonnengelde, wie Frankreich die seinigen, zu befreien,
sollen die Schiffe der Zollvereinsstaaten, welche direkt
aus den Häfen dieser Staaten mit Ladung oder von
irgend einem anderen Hafen ohne Ladung kommen, in
den Häfen Frankreichs als Tonnengeld, für den Ein=
gang und Ausgang zusammengenommen, 1 Fr. für die
Tonne, einschließlich der Decimen, bezahlen. Im
Uebrigen sollen sie hinsichtlich aller im gegenwärtigen
Artikel aufgezählten Abgaben oder Auflagen den fran=
zösischen Schiffen gleichgestellt sein.

Art. 6. Waaren jeder Art, welche unter der Flagge der Zoll=
vereinsstaaten direkt aus einem Hafen dieser Staaten
nach Frankreich, und umgekehrt Waaren jeder Art,
welche, woher es auch sei, unter französischer Flagge
nach dem Zollverein eingeführt werden, sollen derselben
Befreiungen, Zollvergütungen, Prämien oder sonstigen
Begünstigungen irgend welcher Art theilhaftig werden,
als wenn die Einfuhr unter der Landesflagge statt=
fände.

Art. 7. In Anbetracht der der französischen Flagge in den
Häfen der Zollvereinsstaaten bewilligten besonderen
Vortheile, ist man übereingekommen, daß

    1) die Erzeugnisse des Bodens und des Gewerb-
    fleißes, so wie die Schiffe der Zollvereinsstaaten,
    bei ihrer Einfuhr in die französischen Kolonien
    aller Vortheile und Begünstigungen theilhaftig
    sein sollen, welche den gleichartigen Erzeugnissen

9

und den Schiffen irgend welcher anderen begünstigten europäischen Nation bewilligt werden;

2) die Schiffe der Zollvereinsstaaten, welche direkt
von einem Hafen dieser Staaten nach einem
Hafen von Algerien kommen, sollen nur ein
festes Tonnengeld von 2 Fr. für die Tonne bezahlen;

3) die Bestimmungen der Art. 1 und 6, so wie
des vorstehenden Paragraphen sollen auf die
Schiffe der Zollvereinsstaaten und auf deren
Ladungen auch dann Anwendung finden, wenn
diese Schiffe aus den Häfen der Hansestädte an
der Elbe und Weser kommen. Diese Abrede
soll in Wirksamkeit treten, sobald die französischen Schiffe in eben diesen Häfen den Nationalschiffen gleichgestellt sind.

Art. 8. Waaren jeder Art, welche auf französischen Schiffen
aus dem Zollvereine, oder auf Schiffen der Zollvereinsstaaten aus Frankreich, nach welchem Bestimmungsorte
es auch sein möge, ausgeführt werden, sollen keinen
anderen Abgaben noch Abgangsförmlichkeiten unterliegen, als wenn die Ausfuhr auf Nationalschiffen erfolgte, und sie sollen unter der einen wie unter der
anderen Flagge aller Prämien, Zollvergütungen und
sonstigen Begünstigungen theilhaftig werden, welche von
jedem der beiden Theile der eigenen Schifffahrt jetzt
oder in Zukunft bewilligt werden.

Durch diese Bestimmungen tritt nun der Zollverein in die
Reihe der in Frankreich rücksichtlich der Schifffahrt privilegirten
Mächte ein. Die Zugeständnisse von Seiten Frankreichs sind auf
die direkte Fahrt beschränkt. Um so rühmlicher ist es, daß Preußen die französische Flagge in seinen Häfen der nationalen beding-
ungslos gleichstellt und in diesem Punkte dem leidigen Rezi-
prozitätsprinzipe entsagt. Eine Aufgabe volkswirthschaftlicher
Agitation wird für die Zukunft die Beseitigung der einseitigen
Konzession Frankreichs für die direkte Fahrt sein.

––––––––––

Ueberſicht der Ausdehnung und Entwicklung des Vereins seit seiner Gründung.

Der erſte wichtige Zeitabſchnitt in der Geſchichte des Zoll-vereins ſchließt mit dem Jahre 1835 ab. Derſelbe umfaßt die Zolleinigung zwiſchen Preußen und dem Großherzogthum Heſſen, welchem zuerſt Kurheſſen und dann die meiſten ſüd- und mittel-deutſchen Staaten folgten.

Der Zollverein umfaßte:

1828: 5,420,00 ☐Meilen, 13,295,254 Einw.,
1831: 5,293,03 „ 13,936,547 „
1834: 7,732,34 „ 23,478,120 „

Die gemeinſchaftlichen Bruttoeinnahmen, wie ſolche zur Ver-theilung geſtellt wurden, betrugen:

	1830.	1835.
an Eingangsabgaben . . .	10,318,731 Thlr.,	15,850,973 Thlr.,
an Ausgangsabgaben . .	550,386 „	502,672 „
an Durchgangsabgaben .	939,434 „	526,535 „
zuſammen	11,808,551 Thlr.,	16,880,180 Thlr.
Auf den Kopf der Be-völkerung	26 Sgr. 1 Pf.,	21 Sgr. 7 Pf.

Die zweite Epoche (1836—41) begann mit dem Zollanſchluß der noch fehlenden mittel- und ſüddeutſchen Staaten und brachte das große Werk der Zolleinigung durch die Vereinbarung gemein-ſchaftlicher Zollgeſetze und der Zollordnung zu einem feſteren Ab-ſchluß. Der Verein zählte:

1837: 8,096,58 ☐Meilen, 26,008,973 Einw.,
1840: 8,110,06 „ 27,142,116 „

An gemeinſchaftlichen Einnahmen wurden zur Vertheilung geſtellt:

9*

	1836.	1841.
an Eingangsabgaben . . .	17,455,513 Thlr.,	21,262,949 Thlr.,
an Ausgangsabgaben . .	521,387 „	432,951 „
an Durchgangsabgaben .	485,973 „	559,304 „
zusammen	18,462,873 Thlr.,	22,255,204 Thlr.,
pr. Kopf	22 Sgr.,	24 Sgr. 7 Pf.

Die dritte Epoche (1842—47) knüpfte das gemeinsame Band der Zollvereinsstaaten durch die Wiedererneuerung der Verträge, die gemeinschaftliche Besteuerung des Rübenzuckers und die weitere Ausbildung der Zollgesetzgebung, welcher sich der Erlaß von verschiedenen Regulativen für den Begleitschein- und Niederlageverkehr, die Rheinschifffahrt, die Behandlung der steuerpflichtigen Versendungen u. s. w. anschlossen, immer fester und dehnte die Grenzen des Zollvereins über Braunschweig, Luxemburg und andere kleinere Gebietstheile aus. Das Vereinsgebiet umfaßte:

1843: 8,245,18 ☐ Meilen, 28,498,136 Einw.,

1846: 8,245,18 „ 29,461,381 „

Die gemeinschaftlichen Einnahmen betrugen Brutto:

	1842.	1847.
an Eingangsabgaben . . .	22,690,912 Thlr.,	26,293,951 Thlr.,
an Ausgangsabgaben . .	403,674 „	806,269 „
an Durchgangsabgaben .	558,683 „	452,776 „
zusammen	23,653,269 Thlr.,	27,552,996 Thlr.,
Rübenzuckersteuer		281,699 „
im Ganzen	23,653,269 Thlr.,	27,834,695 Thlr.,
pr. Kopf	25 Sgr. 9 Pf.,	28 Sgr. 3 Pf.

Hieran reihte sich als vierte Epoche (1848—53) die Zeit, welche durch die Umwälzungen des Jahres 1848, die Versuche einer deutschen Zolleinigung in Frankfurt a. M., die Kündigung des Zollvereins durch Preußen unter einseitigem Abschluß eines Zolleinigungsvertrages mit Hannover und Oldenburg, endlich aber durch die Wiedererneuerung des Zollvereins, dessen Erweiterung durch die Aufnahme des Steuervereins und den Abschluß eines Zoll- und Handelsvertrages mit Oesterreich charakterisirt ist. Das

Vereinsgebiet umfaßte im Jahre 1849: 8,245,18 ☐Meilen mit einer Bevölkerung von 29,800,063 Seelen, welche bis 1852 auf 30,489,017 Seelen anwuchs. Die gemeinschaftlichen Einnahmen blieben dagegen unter der Einwirkung der Ereignisse von 1848—49 hinter dem früheren günstigen Ertrage nicht unerheblich zurück.

Es wurden vertheilt:

	1849.	1853.
an Eingangsabgaben . . .	22,015,982 Thlr.,	21,221,434 Thlr.,
an Ausgangsabgaben . .	366,864 „	295,281 „
an Durchgangsabgaben .	316,453 „	499,439 „
zusammen	22,699,299 Thlr.,	22,016,154 Thlr.,
Rübenzuckersteuer	382,658 „	2,171,738 „
im Ganzen	23,081,957 Thlr.,	24,187,892 Thlr.,
pr. Kopf	23 Sgr. 6 Pf.,	23 Sgr. 10 Pf.

In der fünften Epoche durchwehte ein frischer Geist das Leben des Zollvereins. Durch die Aufnahme von Hannover und Olden-burg und den Abschluß eines Zollvertrages mit Bremen in unmittelbare Verbindung mit den Häfen der Nordsee gebracht, durch den Ausbau der Eisenbahnen im Innern von zahlreichen Verkehrswegen durchschnitten, entfaltete derselbe eine reiche volks-wirthschaftliche Thätigkeit, wie sie Deutschland zu keiner früheren Zeit gekannt hat. Alle Zweige der Industrie, vornehmlich die Erzeugung und Verarbeitung des Eisens, die Spinnerei, Weberei und die Fabrikation von inländischem Zucker nahmen einen kaum geahnten Aufschwung. Die Gütermenge, welche 1858 auf der Wasserstraße des Rheins befördert wurde, übertraf, des ungün-stigen Wasserstandes ungeachtet, die der früheren Jahre um ein Beträchtliches. Die Bevölkerung, welche durch die Auswanderung seit 1848 gelichtet worden war, fand im heimischen Lande wieder Arbeit und Verdienst. Der Zollverein umfaßte am Schluß des Jahres 1854 einschließlich der neu hinzugetretenen Staaten 8,820,40 ☐Meilen mit 32,559,055 Einwohnern, welche sich bis 1855 auf 32,721,094 vermehrten. Die gemeinschaftlichen Einnahmen be-trugen:

	1854.	1858.
an Eingangsabgaben . . .	22,496,528 Thlr.,	28,002,849 Thlr.,
an Ausgangsabgaben . .	245,196 „	224,546 „
an Durchgangsabgaben .	415,683 „	379,197 „
zusammen	23,157,407 Thlr.,	28,606,592 Thlr.,
Rübenzuckersteuer	3,693,959 „	7,416,688 „
im Ganzen	26,851,366 Thlr.,	36,023,280 Thlr.,
pr. Kopf	24 Sgr. 9 Pf.,	28 Sgr. 8 Pf.

Für den Handel waren, als Herr v. d. Heydt ins Ministerium trat, die Zeitumstände ungünstig. Zunächst litten die Verhältnisse noch von den Nachwehen des Jahres 1848; dann trat der deutsch-dänische Krieg mit der Blokade der norddeutschen Häfen hinzu. Als diese Verhältnisse aufgehört hatten, trat die deutsche Frage mit ihren hemmenden Rückwirkungen auf die kommerzielle Welt ein, und als dieser Punkt einigermaßen geregelt, störte die Ungewißheit über die Fortdauer des Zollvereins den Handel sehr fühlbar. Endlich konnte auch der orientalische Krieg nicht ohne nachtheilige Wirkung auf den deutschen Handel bleiben. Gleichwohl steht das, was selbst unter diesen mißlichen Verhältnissen für den Handel in Preußen geschehen ist, der immensen Ausdehnung der Verkehrsmittel in keiner Weise nach. Den von der preußischen Regierung schon früher betriebenen Anschluß des vormaligen Steuervereins an den Zollverein sehen wir im September 1851 zustande kommen, nach der anderen Seite hin sehen wir den Handelsvertrag zwischen dem um den Steuerverein vergrößerten Zollverein und dem österreichischen Staate im Februar 1853 zum Abschluß gedeihen. Ein Vertrag zur Erleichterung des gegenseitigen Verkehrs zwischen dem Zollverein und der freien Hansestadt Bremen hat im Jahre 1855 die allseitige Ratifikation erhalten. Alles dieses wird vervollständigt und ergänzt durch die von Preußen beschlossene und allseitig angebahnte Einführung des Zollgewichts als allgemeines Landesgewicht und die gewonnene Einigung über eine Einheit der Münze. Endlich geht auch das von Preußen schon längst projektirte allgemeine deutsche Handelsgesetzbuch seiner allseitigen Anerkennung und Gültigkeitserklärung entgegen. Die von Preußen begonnene und unablässig fortgesetzte Schaffung einer deutſchen Handelseinheit iſt auf dieſe Weiſe um ein unſchätzbares Stück weiter gebracht, derart, daß auch der weitere Fortſchritt auf dieſem Gebiete nicht mehr bezweifelt werden kann. An dieſes ſpeziell in Deutſchland Geſchehene ſchließt ſich die Fürſorge für den preußiſchen und vereinsländiſchen Handel im Ausland an. Zu dem Vertrage mit Sardinien vom 23. Juni 1845 kam am 20. Mai 1850 eine Additionalkonvention zuſtande, durch welche die zollvereinsländiſchen Intereſſen mit den konkurrirenden Ländern auf den ſardiniſchen Märkten gleichgeſtellt werden. Ein für den Zollverein wichtiger Handels- und Schifffahrtsvertrag mit Holland wurde am 31. Dezember 1850 abgeſchloſſen; ein Vertrag mit Mexiko 1855. Den vereinsländiſchen Intereſſen in der argenti-niſchen Republik wurde in umfaſſender Weiſe Rechnung getragen. Ueberall tritt uns das Beſtreben Preußens entgegen, dem ver-einsländiſchen Handel die auswärtigen Märkte zu öffnen und offen zu halten, und die vermehrte Beſtellung von Konſuln und Han-delsagenten in faſt allen kommerziellen Ländern der Erde iſt ein unverkennbares Zeichen dafür, daß in dieſer Beziehung nichts ver-ſäumt wird. In der jüngſten Zeit ragen als die wichtigſten Er-eigniſſe die Aufhebung der Durchfuhrzölle, die Ermäßigung der Rheinzölle, die Expedition nach Japan, der Handelsvertrag mit Frankreich hervor.

Bevölkerung des Zollvereins nach der Zählung vom 3. De-zember 1858:

			Total
1) Preußen	. . . .	17,739,913	
Exklaven	. . . . .	111,722	
Enklaven	. . . . .	479,083	
			18,107,274
Luxemburg	. . . . . .		192,196
2) Bayern	. . . . . .	4,615,748	
Exklaven	. . . . .	495	
Enklaven	. . . . .	6,026	
			4,621,279
3) Sachſen	. . . .		2,122,148
		Latus:	25,042,897

		Transport:	25,042,897
4) Hannover	1,844,651		
Exklaven	9,982		
Enklaven	30,435		
		1,865,104	
5) Würtemberg		1,690,898	
6) Baden	1,329,269		
Bundesmilitär	4,783		
		1,334,052	
7) Hessen-Kassel	726,739		
Exklaven	26,941		
		699,798	
8) Hessen-Darmstadt	845,571		
Enklaven	12,117		
Oesterr. Bundesmilitär	5,311		
		862,999	
9) Thüringen (verschiedene Staaten und Theile)		1,043,771	
10) Braunschweig	246,939		
Enklaven	2,832		
		249,771	
11) Oldenburg	237,188		
Exklaven	1,983		
Enklaven	1,584		
		236,789	
12) Nassau		435,777	
13) Frankfurt	79,378		
Oesterr. Militär	1,233		
		80,611	
		Summa	**33,542,467**

(einschließlich der aus 1,017 Köpfen bestehenden Bevölkerung der seit dem 1. Januar 1857 dem Zollverein angeschlossenen bremischen Gebietstheile.)

Die Vermehrung seit 1855 ergiebt sich aus folgender Tabelle:

Zollvereinsgebiete.	Bevölkerung		1858 in pCt. von 1855.
	1855. Seelen.	1858. Seelen.	
Preußen	17,556,306	18,107,274	103,14
außerdem Luxemburg .	189,480	192,196	101,44
Bayern	4,547,239	4,621,279	101,63
Sachsen	2,039,176	2,122,148	104,06
Hannover	1,841,317	1,865,104	101,29
Würtemberg	1,669,720	1,690,898	101,27
Baden	1,312,918	1,334,052	101,62
Kurf. Hessen	709,659	699,798	98,61
Großh. Hessen . . .	848,102	862,999	101,76
Thüringen	1,025,642	1,043,771	101,77
Braunschweig	245,771	249,771	101,63
Oldenburg	231,381	236,789	102,34
Nassau	428,237	435,777	101,76
Frankfurt a. M. . . .	76,146	80,611	105,86
	32,721,094	33,542,467	102,51

Hiernach hat nur in Frankfurt a. M., Sachsen und Preußen seit der Zählung vom Dezember 1855 ein normalmäßiger Zuwachs der Bevölkerung stattgefunden, während alle übrigen Vereinsgebiete in dieser Hinsicht hinter dem mittleren Zuwachs in früheren Jahren (1 pCt. jährlich oder 3 pCt. in der dreijährigen Zählungsperiode) zurückgeblieben sind und das Kurfürstenthum Hessen sogar eine Bevölkerungsabnahme von 1,39 pCt. zeigt. Die gleiche Erscheinung einer geringen Bevölkerungszunahme resp. Abnahme macht sich schon seit länger als einem Dezennium in Süddeutschland und den beiden Hessen geltend und muß der starken Auswanderung aus diesen Ländern zugeschrieben werden, welche, wie es scheint, ihren Einfluß nunmehr auch über Hannover, Braunschweig, Thüringen und Nassau ausgedehnt hat.

Wie die natürlichen Bedingungen des Unterhalts und Er-
werbs in den einzelnen Theilen des Zollvereins sehr verschieden
sind, so ist auch die Vertheilung der Bevölkerung — die Bevölkerungsstärke — desselben eine sehr ungleichmäßige. Die nach-
stehende Tabelle ergiebt, wie sich die Volksmenge des Zollvereins
nach der Zählung von 1858 auf die einzelnen natürlichen Gruppen
des Vereinsgebietes vertheilt.

Gebietstheile.	Flächenzahl in geogr. ☐Meilen.	Einwohner-zahl. Seelen.	Auf eine ☐-Meile kom-men Seelen.
Von Preußen:			
Ost- und Westpreußen .	1,178,03	2,744,500	2,329,8
Pommern	575,93	1,327,207	2,304,4
I.	1,753,96	4,071,707	2,321,4
Posen	536,51	1,417,155	2,641,5
Schlesien	741,74	3,269,613	4,408,0
Brandenburg . . .	735,02	2,330,274	3,170,4
II.	2,013,27	7,017,042	3,485,3
Preuß. Sachsen . .	515,53	2,068,128	4,011,6
Königreich Sachsen . .	271,91	2,122,148	7,804,5
Thüringische Lande . . .	229,83	1,043,771	4,541,7
III.	1,017,27	5,234,047	5,145,0
Hannover	704,04	1,865,104	2,649,2
Oldenburg	97,82	236,789	2,420,6
Braunschweig	58,01	249,771	4,305,6
IV.	859,87	2,351,664	2,734,9
Preuß. Westphalen . .	409,56	1,728,375	4,220,1
Nassau	85,50	435,777	5,096,9
Kurhessen	160,99	699,798	4,346,9

Gebietstheile.	Flächenzahl in geogr. ☐ Meilen.	Einwohnerzahl. Seelen.	Auf eine ☐-Meile kommen Seelen.
Großh. Hessen r. b. Rheins	128,91	630,800	} 5,441,4
Frankfurt a. M. . . .	1,83	80,611	
V.	786,79	3,575,361	4,544,3
Rheinpreußen	499,80	3,157,787	6,318,1
Luxemburg	47,00	192,196	4,089,4
Rheinhessen	25,00	232,199	9,288,0
Rheinbayern (Pfalz) . .	108,21	595,129	5,499,8
VI.	680,01	4,177,311	6,143,0
Baden	277,30	1,334,052	4,811,0
Hohenzollernsche Lande .	20,85	64,235	3,080,8
Würtemberg	354,29	1,690,898	4,772,6
VII.	652,44	3,089,185	4,734,8
Von Bayern r. b. Rheins:			
Altbayern (südl. Prov.)	852,87	2,374,823	2,784,5
Franken (nördl. Prov.) .	428,27	1,651,327	3,855,7
VIII.	1,281,14	4,026,150	3,142,7
Wiederholung			
Nordöstliches Gebiet . . (I., II. und III.)	4,784,50	16,322,796	3,411,6
Nordwestliches Gebiet (IV., V. und VI.) .	2,326,67	10,104,336	4,342,7
Südliches Gebiet (VII. und VIII.) .	1,933,58	7,115,335	3,679,8
Total . .	9,044,75	33,542,467	3,708,5

Hiernach hat das nordwestliche Gebiet die größte, das nordöstliche dagegen die geringste Bevölkerungsstärke, während der südliche Theil des Zollvereins dem mittleren Durchschnitt des Ganzen ziemlich nahe kommt. Durch zahlreiche Bevölkerung und Wohlſtand beſonders ausgezeichnete Gebiete ſind die Rheinlande (VI.), die oberſächſiſchen Lande (III.) und das ſüdweſtliche Deutſchland (VII.), während die baltiſchen Provinzen Preußens (I.), die Nord= ſeelande (IV.), endlich Poſen und das ſüdliche Bayern verhält= nißmäßig gering bevölkert ſind. Im Einzelnen treten das König= reich Sachſen, die preußiſche Rheinprovinz, das Großherzogthum Heſſen, die Rheinpfalz und das Herzogthum Naſſau durch ihre verhältnißmäßig zahlreiche Bevölkerung hervor.

Die Bevölkerungstabelle wurde ſeither nach folgenden Unter= abtheilungen zuſammengeſtellt:

Laufende Nummer.

Bezeichnung der Vereinsſtaaten und Vereinsgebietstheile.

Bevölkerung:

    A. Nach den Ortserhebungen über den Civilſtand.

    B. Nach den Erhebungen über den Militärſtand.

Jede der beiden Abtheilungen A und B mit folgenden Unterabtheilungen:

    Anzahl der Familien.

    Männer und Jünglinge über 14 Jahren.

    Weiber und Jungfrauen über 14 Jahren.

    Kinder unter 14 Jahren,

        männliche,

        weibliche.

    Anzahl der Einwohner vom Civil= (Militär=) ſtande.

Geſammtbevölkerung.

    Davon treffen: auf den öſtlichen Verband,

                auf den weſtlichen Verband.

In praktiſcher und wiſſenſchaftlicher Beziehung hat die Unter= ſcheidung der Bevölkerung in Civil= und Militärbevölkerung nicht die mindeſte Bedeutung.

In Bezug auf die Einwohnerzahl iſt zur richtigen Beurthei= lung der allgemeinen volkswirthſchaftlichen Zuſtände des Zollver= eins folgende Unterſcheidung unerläßlich:

    1) nach Geſchlecht und Hauptaltersklaſſe (in letzterer Be= ziehung ſind vorzugsweiſe die Altersklaſſen 0—6, 6—14, 14—25, 25—60, und über 60 Jahre für die Erwerbs= verhältniſſe wichtig);

2) nach Stand, Beruf und Art der Ernährung (und zwar nach folgenden Rubriken: Ackerbau, Industrie, Handel, Verkehr, persönliche Dienstleistung, Gesundheitspflege, Erziehung und Unterricht, Künste und Wissenschaften, Kultur, Staats- und Gemeindeverwaltung, Justiz, Armee und Flotte, Personen ohne Berufsausübung, Personen ohne Berufsangabe);

3) nach Heimath, resp. nach Domizil oder Geburtsort. So lange der Ausübung des Gewerbebetriebes außerhalb des Geburtsortes noch Schwierigkeiten entgegen stehen, wie man solche dermalen noch in vielen deutschen Staaten findet, kommt es vorzugsweise darauf an, bei den Zählungen zu ermitteln, wie viele von der am Tage der Zählung an einem bestimmten Orte betroffenen Personen daselbst heimathsberechtigt sind, und wie viele derselben ihre Heimath an einem Orte desselben Vereinsstaates oder in einem anderen Vereinsstaat, oder im Ausland haben. Ist dagegen die Ausübung der Erwerbsthätigkeit nicht an den Ort der Heimathsberechtigung gebunden, so ist eine ähnliche Unterscheidung in Bezug auf den Ort des gewöhnlichen Aufenthalts (Domizil) wichtiger, als die angedeutete Unterscheidung nach der Heimathsberechtigung. Bei gesetzlich regulirter Gewerbefreiheit und Freizügigkeit tritt dagegen für die Beurtheilung der volkswirthschaftlichen Zustände die Kenntniß des Geburtsortes resp. Geburtslandes in den Vordergrund. Da der Zollverein sich diesem Ziele immer rascher nähern wird, und der Ort der Heimathsberechtigung mit dem Geburtsort in der überwiegenden Anzahl der Fälle übereinstimmt, so möchte die Zollvereinstabelle noch in der Art zu vervollständigen sein, daß man daraus entnehmen kann, wie viele von den gezählten Personen

    A. im Inlande, und zwar

        a) am Orte der Zählung,

        b) an anderen inländischen Orten,

    B. im Auslande, und zwar

a) in einem anderen Vereinsstaate,

b) im Vereinsauslande

geboren sind.

Die seitherige Gruppirung der Bevölkerung nach den zwei Hauptabtheilungen „östlicher Verband" und „westlicher Verband", welche seiner Zeit wegen der Abrechnung über die Aus= und Durchgangsabgaben eingeführt worden ist, kann, nachdem die Durchfuhrzölle und großentheils auch die Ausfuhrzölle in Wegfall gekommen sind, nunmehr beseitigt werden, da es keinem Bedenken unterliegt, die noch weiterhin zu erhebenden Ausgangsabgaben ebenso, wie seither die Eingangsabgaben, als eine gemeinschaftliche Einnahme des Gesammtvereins zu behandeln. Dagegen erscheint es in hohem Grade wünschenswerth, daß in der allgemeinen Bevölkerungstabelle des Zollvereins die einzelnen Gebietstheile nach Provinzen und Verwaltungsbezirken, unter Angabe der Flächengehalte, speziell aufgeführt werden, um hierdurch die Möglichkeit zu gewähren, diese Gebietstheile mit der zugehörigen Bevölkerung nach gewissen natürlichen, von den Landesgrenzen unabhängigen Gruppen zusammen zu stellen.

Die Bestandtheile des Zollvereins, welchen als solchen eine gewisse wirthschaftliche Selbstständigkeit zukommt, sind folgende:

I. die nordöstliche Gruppe, bestehend aus

    1) Ost= und Westpreußen und Pommern,

    2) Posen, Schlesien und Brandenburg,

    3) preußisch Sachsen, Königreich Sachsen und die thüringschen Staaten;

II. die nordwestliche Gruppe, bestehend aus

    1) Hannover, Oldenburg und Braunschweig,

    2) Westphalen, Nassau, beiden Hessen (ohne Rheinhessen) und Frankfurt,

    3) Rheinpreußen (ohne Hohenzollern), Luxemburg, Rheinhessen und Rheinbayern;

III. die südliche Gruppe, bestehend aus

    1) Baden, Hohenzollern und Würtemberg,

    2) Franken und Altbayern.

Hierbei sind die Zollanschlüsse den Hauptgebieten, wie bei den Zollabrechnungen, zuzutheilen, z. B. Meisenheim und Birkenfeld zu Rheinpreußen, Pyrmont und Waldeck zu Westphalen, Schaumburg-Lippe zu Hannover u. s. w.

Nach den Zollvereinsverträgen soll die Vertheilung der gemeinschaftlichen Zollvereinsrevenüen auf die einzelnen Staaten nach Verhältniß der Bevölkerungszahl stattfinden. Dieser Grund ist zwar nicht konsequent durchgeführt, indem sowohl Hannover und Oldenburg, als auch die freie Stadt Frankfurt größere Antheile an den Erträgen der Zölle und Rübenzuckersteuer beziehen, als ihnen nach Verhältniß ihrer Bevölkerung zur Gesammtbevölkerung des Vereins zukommen würden. Immerhin bildet aber auch hier die Volkszahl die Grundlage der Berechnung.

Die Zölle und Rübenzuckersteuern des Zollvereins sind im Wesentlichen Verbrauchsabgaben, und wenn einzelne Zollsätze auch mehr auf den Schutz der inländischen Industrie als auf Steuererträge berechnet sind und für andere sich überhaupt kein leitender Gesichtspunkt auffinden läßt, so wird man doch nicht irren, wenn man annimmt, daß die Konsumenten der mit Zöllen belegten ausländischen Waaren und des inländischen Rübenzuckers jene Abgaben zu tragen haben, und daß, die Gleichartigkeit der Konsumtionsverhältnisse im Zollverein vorausgesetzt, es der Billigkeit entspricht, den Reinertrag, welchen derselbe gewährt, auf seine einzelnen Bestandtheile nach Verhältniß der konsumirenden Bevölkerung zu vertheilen, so daß also jedem einzelnen Vereinsstaat gewissermaßen das wieder zu Gute kommt, was seine Angehörigen unmittelbar oder in den um die Zölle erhöhten Waarenpreisen an die Gemeinschaft gezahlt haben.

In Bezug auf die Konsumtionsverhältnisse bestehen im Innern des Zollvereins zwar einzelne Verschiedenheiten, je nachdem einestheils die geographische Lage und die vorherrschende Konsumtionsrichtung, und anderntheils der größere oder geringere Wohlstand der Bevölkerung bestimmend einwirken. Diese Verschiedenheiten treten insbesondere bei dem Verbrauch von Kaffee, Zucker und ausländischen geistigen Getränken hervor. Die Unvollkommenheit der Verbrauchsstatistik des Zollvereins gestattet jedoch nicht, die einzelnen Vereinsstaaten hinsichtlich der Konsumtion zollpflichtiger Artikel in bestimmte Klassen zu vertheilen, oder ähnlich wie dies bei Hannover und Oldenburg geschehen, für jeden einzelnen

Vereinsstaat einen Koeffizienten festzustellen, um mit Hülfe desselben behufs der Zollabrechnung die Bevölkerungszahlen nach Verhältniß der Konsumtionskräfte zu reduziren. Ohnehin verschwinden die desfalls bestehenden Unterschiede in Folge der Verbesserung der Kommunikationsmittel und der Entwicklung der Verkehrsfreiheit im Innern des Zollvereins immer mehr, und möchte die Erfahrung, daß die Konsumtion zollpflichtiger Artikel im Norden Deutschlands größer ist, als im Süden, allmälig schwinden. Man wird daher im Großen und Ganzen keine Unbilligkeit begehen, wenn man die konsumirende Bevölkerung einfach als Maßstab für die Vertheilung der Reineinnahmen des Zollvereins benutzt.

Im Zollverein wurden nach den provisorischen Abrechnungen pro 1861 eingenommen:

	1860.	1861.
an Eingangsabgaben . .	23,484,872 Thlr.,	24,745,995 Thlr.
an Aus- u. Durchgangs- abgaben	499,397 „	157,716 „
Summa:	23,984,269 Thlr.,	24,903,711 Thlr.

Von diesen 24,903,711 Thlr. Bruttoeinnahme gehen ab an Zollerhebungs-, Zollschutz- und sonstigen Kosten:

3,050,834 Thlr.

Die hiernach verbleibenden . . . . 21,852,877 „ sind unter eine Kopfzahl von 33,460,754 zu vertheilen.

Herauszuzahlen haben von jener Einnahme:

Preußen	2,008,606 Thlr.
Sachsen	1,174,208 „
Braunschweig	96,831 „
Frankfurt a. M.	705,860 „

dagegen zu empfangen:

Luxemburg	94,844 „
Bayern	1,871,227 „
Hannover (zufolge des Präzipuums)	598,319 „
Würtemberg	580,488 „
Baden	95,652 „
Kurfürstenthum Hessen . . .	91,571 „
Großherzogthum Hessen	34,359 „

Thüringen . . . . 304,131 Thlr.

Oldenburg . . . . 138,969 „

Nassau . . . . 175,945 „

An gemeinschaftlicher Uebergangsabgabe von Bier wurden in den hierzu verbundenen Staaten im Jahre 1861 eingenommen:

64,396 Thlr. Brutto.

Es haben nach Abzug von 3 pCt. Erhebungskosten herauszuzahlen: Sachsen . . . 41,983 Thlr.,

Thüringen . . 1,286 „

dagegen zu empfangen: Preußen . . . 42,362 „

Luxemburg . . 419 „

Braunschweig . 488 „

Die Einnahme aus der gemeinschaftlichen Uebergangsabgabe von Wein, Most, Tabacksblättern und Tabacksfabrikaten betrug in den hierzu verbundenen Staaten:

346,347 Thlr. im Jahre 1861 gegen

350,196 „ im Jahre 1860.

Von der Gesammteinnahme des Jahres 1861 erhalten vorweg:

Hannover . . . . 46,246 Thlr.

Oldenburg . . . 5,866 „

Summa: 52,112 Thlr.

Bleiben hiernach für die Theilung unter die übrigen Vereinsstaaten noch:

294,235 Thlr.

Herauszuzahlen haben: Luxemburg, Sachsen, Kurfürstenthum Hessen, Thüringen; zu empfangen: Preußen, Hannover, Braunschweig und Oldenburg.

Die zur Vertheilung kommende Einnahme aus der gemeinschaftlichen Branntweinsteuer und Uebergangsabgabe von Branntwein betrug in den hierzu verbundenen Staaten:

im Jahre 1860: 8,064,158 Thlr.

im Jahre 1861: 8,111,719 „

Herauszuzahlen haben: Preußen und einige mit Preußen im engeren Verband stehende Länder und Gebietstheile; zu em pfangen: einige andere solcher Länder und Gebietstheile, ferner Sachsen und der thüringsche Verein.

Die provisorische Abrechnung über die Einnahmen des Zollvereins aus der Rubenzuckersteuer endlich ergiebt Folgendes:

Es wurden verarbeitet vom 1. September bis Ende Dezember:

1861 an frischen Rüben 20,234,837 Ctr. gegen

1860 „   „   „   18,146,124 „

Die Netto-Steuereinnahme betrug:

1861: 4,931,223 Thlr. gegen

1860: 4,435,403 „

Herauszuzahlen haben nur Preußen und Braunschweig; dagegen zu empfangen: Luxemburg, Bayern, Sachsen, Hannover, Würtemberg, Baden, Kurfürstenthum Hessen, Großherzogthum Hessen, Thüringen, Oldenburg, Nassau und Frankfurt a. M.

Die nachfolgende Zusammenstellung giebt die Summen, welche die einzelnen Vereinsstaaten an verschiedenen Zollgefällen zu Gunsten anderer Vereinsstaaten mehr, und bezüglich zum Nachtheil anderer Vereinsstaaten minder vereinnahmt haben, als sie nach ihrer Bevölkerungszahl hätten einnehmen müssen.

Es haben nämlich:	herauszu-zahlen: Thlr.	zu empfan-gen: Thlr.
1) Preußen und bezüglich die im enge-ren Verbande mit Preußen stehenden Staaten:		
an Eingangsabgaben	2,011,284	—
an Aus- und Durchgangsabgaben . .	—	2,678
an Uebergangsabgabe von Bier . .	—	42,362
an Uebergangsabgabe von Wein, Most 2c.	—	53,333
an Branntweinsteuer und Uebergangs-abgabe	435,696	—
an Rübenzuckersteuer	1,825,808	—

Es haben nämlich:	herauszu= zahlen: Thlr.	zu empfan= gen: Thlr.
2) Luxemburg:		
an Eingangsabgaben	—	96,495
an Aus= und Durchgangsabgaben . .	1,651	—
an Uebergangsabgabe von Bier . .	—	419
an Uebergangsabgabe von Wein, Most ꝛc.	676	—
an Rübenzuckersteuer	—	27,378
3) Bayern:		
an Eingangsabgaben	—	1,859,659
an Aus= und Durchgangsabgaben . . .	—	11,568
an Rübenzuckersteuer	—	617,086
4) Sachsen:		
an Eingangsabgaben	1,157,227	—
an Aus= und Durchgangsabgaben . . .	16,981	—
an Uebergangsabgabe von Bier . .	41,983	—
an Uebergangsabgabe von Wein, Most ꝛc.	41,542	—
an Branntweinsteuer und Uebergangs= abgabe	—	111,347
an Rübenzuckersteuer	—	289,079
5) Hannover:		
an Eingangsabgaben	—	586,186
an Aus= und Durchgangsabgaben . . .	—	12,133
an Uebergangsabgabe von Wein, Most ꝛc.	—	32,376
an Rübenzuckersteuer	—	331,674
6) Würtemberg:		
an Eingangsabgaben	—	572,747
an Aus= und Durchgangsabgaben . .	—	7,741
an Rübenzuckersteuer	—	154,012

10*

Es haben nämlich:	herauszu=zahlen: Thlr.	zu empfan=gen: Thlr.
7) Baden:		
an Eingangsabgaben	—	104,741
an Aus= und Durchgangsabgaben . .	9,089	—
an Rübenzuckersteuer	— .	141,295
8) Kurfürstenthum Hessen:		
an Eingangsabgaben	—	88,002
an Aus= und Durchgangsabgaben . .	—	3,569
an Uebergangsabgabe von Wein, Most 2c.	37,072	—
an Rübenzuckersteuer	—	99,677
9) Großherzogthum Hessen:		
an Eingangsabgaben	—	31,570
an Aus= und Durchgangsabgaben . .	—	2,789
an Rübenzuckersteuer	—	112,825
10) Thüringen:		
an Eingangsabgaben	—	300,663
an Aus= und Durchgangsabgaben . .	—	3,468
an Uebergangsabgabe von Bier . . .	1,286	—
an Uebergangsabgabe von Wein, Most 2c.	11,599	—
an Branntweinsteuer und Uebergangs=abgabe	—	324,349
an Rübenzuckersteuer	—	131,677
11) Braunschweig:		
an Eingangsabgaben	97,823	—
an Aus= und Durchgangsabgaben . .	—	992
an Uebergangsabgabe von Bier . . .	—	488
an Uebergangsabgabe von Wein, Most 2c.	—	470
an Rübenzuckersteuer	232,623	—

Es haben nämlich:	herauszu= zahlen:	zu empfan= gen:
	Thlr.	Thlr.
12) Oldenburg:		
an Eingangsabgaben	—	136,618
an Aus= und Durchgangsabgaben . .	—	2,351
an Uebergangsabgabe von Wein, Most ꝛc.	—	4,710
an Rübenzuckersteuer	—	47,248
13) Nassau:		
an Eingangsabgaben	—	173,877
an Aus= und Durchgangsabgaben . .	—	2,068
an Rübenzuckersteuer	—	62,075
14) Frankfurt a. M.:		
an Eingangsabgaben	684,224	—
an Aus= und Durchgangsabgaben . .	21,636	—
an Rübenzuckersteuer	—	44,405
Summa:	6,628,200	6,628,200

Aus dieser Aufstellung geht hervor, daß Preußen mit Luxemburg, ferner Sachsen, Baden, Kurhessen, Thüringen, Braunschweig und Frankfurt a. M., zusammen 6,628,200 Thlr. mehr einnehmen, als wirklich in ihre Kasse fließt, und daß ihnen davon nur 1,856,887 Thlr. auf andere Weise wieder zu Gute kommen, während sie 4,771,313 Thlr. mit für Bayern, Hannover, Würtemberg, Hessen=Darmstadt, Oldenburg und Nassau vereinnahmen.

Die Reform des Vereins.

Wenn wir von der Verfassung des Zollvereins absehen, sowie
von der Nothwendigkeit des konsequenten Ueberganges des Zolltarifs zum Finanzzollsystem, so sind es, wie die aus der Geschichte
des Vereins mitgetheilten Thatsachen an die Hand geben, folgende
Punkte besonders, auf die in der nächsten Zeit die volkswirthschaftliche Agitation ihr Hauptaugenmerk zu richten hat, und deren
Durchführung nach der Abschließung des Vertrages mit Frankreich
bringender als je erscheint:*)

1. Gleichstellung und Gemeinschaftlichkeit der sogenannten
   inneren Steuern, damit die mit der Kontrolirung und
   Erhebung der Uebergangsabgaben verbundenen Verkehrsbelästigungen wegfallen.

2. Größere Vereinfachung des Tarifs, theils durch Ausscheidung der in finanzieller und volkswirthschaftlicher Beziehung unwichtigen Eingangszölle, theils durch Verminderung und zweckmäßigere Regelung der Abstufung bei
   verschiedenen Positionen.

3. Beseitigung, resp. Vereinfachung mancher mit den dermaligen Verkehrsverhältnissen nicht mehr verträglichen Formen bei den Zolldeklarationen und Abfertigungen.

4. Erleichterung der Kontrole für den sogenannten Veredelungsverkehr in der Art, daß die Anforderung einer spe-
   zifischen Identitätsfeststellung den Umständen nach mobi-
   fizirt werden könnte.

Der Tarifreform aber darf die Verfassungsreform nicht nach-
stehen. Sie verliert nach dem Vertrage mit Frankreich nicht an
Wichtigkeit, bedarf vielmehr einer baldigen Erledigung. Die Zollvereinsverträge laufen am 1. Januar 1866 ab. Bis zum 1. Januar 1864 müssen sie gekündigt werden, oder sie laufen fort wie

---

*) Vgl. Houth-Weber, der Zollverein, S. 24.

bisher. Es ist aber weder zu wünschen, daß sie einfach gekündigt, noch daß sie ohne alle Abänderungen fortgesetzt werden. Der Zollverein muß erhalten, aber er muß umgestaltet werden. Partikularismus und Reaktion werden sich der schutzzöllnerischen Interessen des Südens bedienen, um lieber den Zollverein zu sprengen, als ihre zöllnerische Souveränität an das zwiefach verhaßte Programm preußischer Leitung und repräsentativer Verfassung hinzugeben. Dieses Programm ist aber eine Nothwendigkeit. Das Ausland muß wissen, mit wem es über Zoll- und Handelsangelegenheiten zu verhandeln hat; es muß über jeden angeregten Fall eine Mehrheitsentscheidung zu erlangen sein, damit nicht auch in Zukunft jede Entwickelung abgeschnitten sei, wie bisher. Unter dieser Bedingung allein wird es gelingen, den Zollverein naturgemäß zu erweitern, nämlich in der Richtung, nicht wie die Donau, sondern wie die Elbe und Weser fließen. Nicht Oesterreich, sondern die Hansestädte und Mecklenburg sind das wahre Eroberungsgebiet des Zollvereins. Auch werden sich diese Staaten unter Umständen willig gewinnen lassen. Der Hamburger Freihandelsverein hat bereits im vorigen Frühjahr mittelbar erklärt, er sei für den Anschluß, falls der Zollverein parlamentarisch regenerirt werde.

Die Einheit des Zollvereins bedarf dauerhafterer Grundlagen, als sie alle zwölf Jahre zu erneuernde Verträge gewähren. Damit das Kapital sich im vollen Vertrauen nützlichen Unternehmungen zuwenden könne, fordert es die Garantie der dauernden Erhaltung seines Absatzgebietes. Der Zollverein braucht eine gegen die gewöhnlichen Wechselfälle gesicherte Basis seines Bestehens, und er braucht, um Deutschland konkurrenzfähig neben seine Nachbarn zu stellen, eine es nach Außen und im Innern vertretende Centralgewalt. Als der Zollverein sich auszubreiten begann, war Preußen ein absoluter Staat, in den sich ihm anschließenden kleinen Ländern bestanden zwar konstitutionelle Formen, aber meist ohne rechte Lebenskraft. Kein Wunder, daß damals bei der Organisation des Vereins nicht an die Bildung von an das verhaßte Repräsentativsystem erinnernden Einrichtungen gedacht wurde. Die Vereinigung wurde rechtlich wie ein gewöhnlicher Staatsvertrag angesehen, bei welchem sich die Souveräne unabhängiger Staaten gegenüberstehen, jeder unbekümmert darum, wie der andere Kon= kurrent die übernommene Verpflichtung mit der inneren Verfassung seines Landes in Einklang zu bringen vermag. In Wirklichkeit wurden die Verträge in den einzelnen konstitutionellen Staaten den landständischen Versammlungen, welche bei dem Zolltarif we= gen ihres Steuerbewilligungsrechtes, bei dem Zollkartell und Zoll= strafgesetz wegen ihrer legislatorischen Befugnisse nicht ungefragt bleiben konnten, insoweit zur Ratihabition vorgelegt, von einer materiellen Prüfung konnte aber im Ernste weder bei dem ersten Abschlusse, noch bei den späteren Erneuerungen der Verträge die Rede sein, zwingende politische oder ökonomische Rücksichten ließen keine Wahl, als der vollendeten Thatsache, die ja auch im Ver= gleich zu der Vergangenheit eine Wohlthat war, die Genehmigung zu ertheilen. Außerdem erhielten noch, wohl überall, die Regie= rungen die Ermächtigung, innerhalb der Tarifperioden vorkom= menden Zolländerungen ohne Befragung der Landstände definitiv zuzustimmen. So ist es gekommen, daß in einer weltgeschichtlichen Periode, während welcher handelspolitische Fragen den Haupt= gegenstand der Beschäftigung für die parlamentarischen Versamm= lungen aller anderen Länder abgaben, in Deutschland die Stände= kammern von jedem effektvollen Mitreden in den wichtigsten An= gelegenheiten des Volkswohlstandes ausgeschlossen blieben.

Es ist endlich an der Zeit, daß die Kammern der Einzelstaa= ten ihr legitimes Steuerbewilligungsrecht in seiner Anwendung auf die Außenzollgesetzgebung zurückfordern und sich zu einem Ver= zichte auf dasselbe nur bereit finden lassen, wenn ihren Funktionen der Uebergang auf ein wirthschaftliches Gesammtparlament ge= sichert ist.

Von vielen Seiten will man, daß ein solches Zollparlament mit einem zu erstrebenden politischen Parlamente zusammenfällt. In Bezug auf dieses theilen sich bekanntlich heute die Parteien in eine großdeutsche und in eine kleindeutsche. Die großdeutsche Partei will keinen Fortschritt in der deutschen Verfassungsangelegen= heit, an dem nicht Oesterreich in so vollständiger Weise Antheil nehmen kann als Preußen.

Wir gestehen,*) daß wir die entscheidende Mitwirkung einer preußisch-österreichisch-deutschen Volksvertretung zu einer gemeinsamen deutschen Gesetzgebung, wäre sie auch auf wenige Materien beschränkt, für einen Traum halten, der nicht zu verwirklichen ist. Oesterreich befindet sich durch das Zusammensein seiner deutschen Bevölkerung mit so vielen fremden Völkern und durch das ihm nothwendige Bestreben, sich als einheitliche Großmacht zu erhalten, in so eigenthümlicher Lage, daß es weder für einen Theil seiner Provinzen, noch für das Gesammtreich eine unbedingte Unterwerfung unter die Gesetzgebung einer deutschen Volksvertretung als seine Pflicht anerkennen und ausführen wird. Es wird stets Gesetze nur anerkennen, wenn und sofern sie durch österreichische Centralgewalt gegeben sind, sei diese nun eine konstitutionelle oder eine despotische. Besonders im ersteren Falle, wenn die österreichische Centralgewalt eine konstitutionelle ist und einen Reichsrath zur Seite hat, wird sie keine Gesetze einführen, welche nicht den Wiener Reichsrath passirt haben. Oesterreich ist ein Kreis, der in Wien sein Centrum hat, und ein Kreis hat nur ein Centrum.

Solche Bedenken fallen allerdings für den weg, der Oesterreich sich in seine Nationalitäten auflösen lassen will. Aber Oesterreich als einheitliche Großmacht ist eine Nothwendigkeit für Deutschland, für Europa, und die Verschiedenheit der (sprachlichen) Nationalität ist anderswo, z. B. in der Schweiz, kein Hinderniß der staatlichen konstitutionellen Einigung.

Aber auch eine kleindeutsche Volksvertretung mit voller bundesstaatlicher Kompetenz und die Gesammtzustände Preußens widersprechen sich. Die Natur des preußischen Staates verlangt eine starke, konzentrirte Regierungsgewalt. Nun soll künftig das preußische Königthum die diplomatisch-militärische Leitung des Staates nicht blos mit den preußischen Kammern, sondern auch mit einem deutschen Parlament, in welchem die oppositionellen Elemente, die schon in Preußen vorhanden sind, verstärkt werden durch die Radikalen und durch die Ultramontanen aller deutschen Länder, in welchem die rücksichtslosen und tumultuarischen Elemente einen ganz anderen Nachdruck zeigen werden, als in den rücksichts-

---

*) Vgl. Frauer, die Reform des Zollvereins.

vollen preußischen Kammern. Und diese soll geschehen ohne Uebergangsstadien, d. h. mit einem Schlage. Ist es denkbar, daß die regierenden Kreise in Preußen, daß vor Allem die Dynastie sich auf diesen jähen Versuch einlassen wird? Ist es denkbar, daß Preußen sein festes Gefüge der Gefahr der Lockerung und Zersplitterung aussetzen wird durch rasches Eingehen auf ein deutsches Parlament, welches wahres konstitutionelles Mitregiment in den höchsten politischen Angelegenheiten — vielleicht noch etwas mehr — in Anspruch nimmt? Diejenigen aber, welche sagen, die Verjagung der deutschen Fürsten sei die nothwendige Vorbedingung einer einheitlichen Gestaltung Deutschlands, und Preußen müsse in Deutschland verfahren, wie Viktor Emanuel in Italien, verkennen den Boden, auf dem sie stehen. Der undiszipllnirte Unabhängigkeits= und Wahrheitssinn deutscher Männer würde ein solches Vorgehen vernichten. Eine Usurpatorrolle zu spielen im Geiste Viktor Emanuel's und Cavour's kann man dem Könige Wilhelm I. und seinen Ministern nicht zumuthen, eine solche Rolle würde an dem Rechtsgefühl und an dem selbständigen kritischen Geist der deutschen Stämme und Individuen scheitern. Die Grundlagen der Civilisation und der Freiheit, welche wir haben, wollen wir behalten: Staaten und Provinzen von mäßigem Umfang, sich selbst regierend in Allem, wozu die Kräfte des Einzelstaates ausreichen, geeinigt im Nothwendigen, unter einheimischen Fürsten lebend. Wir wissen und verstehen eine organische Einheit des Mannigfaltigen, und können die romanische Einheit nicht brauchen, die das selbständige Leben im Einzelnen aufhebt.

Wir halten die kleindeutsche Idee, d. h. eine deutsche Volksvertretung ohne Theilnahme Oesterreichs für die richtige; aber in der herkömmlichen Auffassung tritt sie durch die Forderung einer streng einheitlichen Spitze und einer vollkommen bundesstaatlichen Kompetenz der Volksvertretung dem Bestehenden zu schroff gegenüber, bleibt in unbestimmter Allgemeinheit stehen, besonders wenn es sich um die Mittel der Ausführung und der Anknüpfung an das Gegebene handelt, und hat darum einen zähen und gefährlichen Widerstand von gewissen Regierungen und Bevölkerungen zu erwarten, während die einzige Regierung, welche für sie eintreten soll, der Zumuthung nicht entsprechen wird. Die Kompetenz der kleindeutschen Volksvertretung kann sich, zunächst wenigstens, noch nicht auf die höhere Politik erstrecken, weil Preußen die Fragen über Krieg und Frieden, auswärtige Beziehungen, Organisation des Heeres und Stand der Finanzen nicht sobald an ein deutsches Parlament abgeben wird, wenn sich auch das Königthum daselbst gegenüber den preußischen Kammern zu einem konstitutionellen Regiment versteht. Die kleindeutsche Volksvertretung muß daher vorzugsweise ein Organ für gemeinsame Gesetzgebung in den Gebieten des Staatslebens sein, wo Gemeinsamkeit der Gesetze dringendes Bedürfniß und ausführbar ist, d. h. im Gebiete des Handels- und Verkehrslebens der Nation in ihrem Innern und nach Außen.

Wir brauchen also einen engeren Bund mit einer entscheidenden Volksvertretung zum Zwecke einer Gesetzgebung in vorzugsweise materiellen Angelegenheiten. Ein solcher engerer Bund aber existirt schon längst in Deutschland; es ist der deutsche Zollverein. Er besitzt eine Gesetzgebung, Verwaltungsordnung und Praxis, die mühsame Errungenschaft von dreißig Jahren. Die wichtigsten Akte der Verkehrsgesetzgebung sind in seiner Gesetzgebung inbegriffen. Die künftige deutsche Gesetzgebung in wirthschaftlichen und kommerziellen und in bürgerlich rechtlichen Verhältnissen muß sich in eine bestimmte Beziehung zu der bereits bestehenden setzen, und diese Beziehung kann nur die der Fortsetzung und Vervollständigung sein.

Wenn es gelingt, in dem Verein eine Volksvertretung einzuführen und seine Gesetzgebung auf die verwandten Materien auszudehnen, so ist der erste und schwierigste Schritt der deutschen Einigung gethan; es ist ein Anfang gewonnen, der nicht mehr zerstört werden kann.

Druckfehler. Pag. 110 in der fünften Zeile von oben muß es heißen: 36,096,153 statt 36,096,150. Pag. 118 in der zwölften Zeile von unten muß es heißen: Fettindustrielle statt Fellindustrielle.

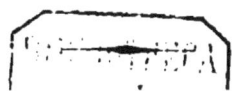